如何跟女兒談「性」

知名婦產科女醫師教你——

日本婦產科醫師
宋美玄・監修
勝山圭子・漫畫
何姵儀・譯

前言

先問大家一個問題。對於性，你能教孩子多少東西呢？

在日本，政府與學校並不會主動傳遞與此有關的訊息。就算教師在根據文部科學省制定的學習指導要領進行性教育時會提到月經與懷孕的結構以及男女的身體差異，但是對於最重要的「為了懷孕而做的行為＝性交」卻一字也不能提。沒有和國外一樣進行性教育的設施與中心就算了，把性當作是連問都不行的現象更是層出不窮。

可是，與性有關的知識既不是禁忌，也不是可恥的事，反而是可以讓孩子的人生更加幸福的基本生活技能。正因如此，每一位家長必須強烈意識到「最起碼自己的孩子要自己保護好」。所以我們不僅要學習性，更重要的是還要讓孩子知道什麼是性。

我自己也有一個女兒。從小我就開始和她聊性，除了告訴她人生最基本而且又正確的性知識，我還希望成為一個當女兒遇到懷孕或者是遭受性侵等困境時，第一個會讓她想要依靠的人。因此，除了教導，本書還彙整了應該要先知道的一些與性有關的內容。

在此，我希望這本書能夠引導更多女性走向正確的性知識，進而擁有一個幸福的人生。

contents

第3章 不要害怕面對「難不成他是……」的情況
——LGBT・自殘・男孩子的性事

第4章 親子一起談性事
——性教育卡片

c h a r a c t e r s

宋美玄醫師

為了推廣正確的性知識
而奮鬥的婦產科醫師。
同時也是一對兒女的媽媽。
是對性教育感到苦惱的媽媽友軍。

平常看起來文文靜靜的，
不過遇到狀況時卻比誰都還要堅強的
敦子媽媽。
家中的一對兒女分別為
活力洋溢的直樹（小一）
與天真活潑的香里奈（中班）。

遇到好奇的事情時，非得要
查個徹底才肯罷休的玲奈媽媽。
家中的一對兒女分別為
可靠能幹的美崎（小五）
與愛撒嬌的小廣（小一）。
外甥女小舞（國二）
還常來家裡玩呢。

個性活潑開朗，但總是冒冒失失的
朋子媽媽。
家有一男二女，分別為
開始進入叛逆期的春菜（高一）、
愛打遊戲的秋雄（小四）
與像個小大人的藍菜（小一）。

第1章

你知道嗎？女性的身體

性教育・生理・懷孕

聽說當今的女高中生20%有性經驗呢……
每5人就有一個!?
這絕對不是太稀奇的事！

vol.1 我們需要性教育嗎？

妳……是誰？
啊！經常出現在電視上的那位醫師……
我是婦產科醫師宋美玄。
※登登——
關於生產還有性這方面的知識，是讓孩子今後人生過得更好的必備生活技能!!
萬一將來孩子「在不期望的情況之下懷了孕」，或者是陷入「遭到性侵」等困境時，近在身旁的父母要是連一點可靠的知識都沒有的話，豈不是讓大家一起陷入不幸之中嗎？
獨自一人抱頭痛哭！
好…好難過……!!
但坦白說我們根本就不知道該從何教起呀……
我記得醫師您有個女兒，還有一個兒子沒錯吧？那您是怎麼教他們的呢……？
當時4歲的女兒常在問我問題，所以要生老二的時候，我就讓她陪產了。
就這樣順其自然地告訴她這些科學事實。
媽媽—
媽媽—

小寶寶是怎麼來的呀？
我們女生的肚子裡，有一個小寶寶的房間喔……
房間
然後他會從媽媽的小妹妹生出來喔。
好、好直接喔！
直接這樣告訴她就好了呀。
兒子（3歲）也是一樣
哇——媽媽，血!!
喔～，這個呀？
這個叫做「月經」，女生長大之後，每個月都會流一次血的。
天哪！
媽媽的肚子裡，會先為寶寶準備一張床，好讓寶寶能夠隨時進來住。寶寶若是沒有進來住，那就不需要這張床，所以舊的床會先丟掉而那張床就是這個血！
寶寶的床……
喔——
哇——我生理期來的時候，都會盡量一個人洗澡耶……
尤其是要跟兒子洗的時候……
咦？難得有機會告訴孩子的說？

告訴孩子什麼是生理期，
這個勉強做得到……
但是難度比這還要高的性教育
恐怕就有點困難了……
特別是性……
性……交……
這件事根本就
說不出口
男生的陰莖塞入女生的
陰道之後，
陰莖會射出精子
與女生的卵子結合，
然後在子宮著床，
這樣就會變成寶寶了……
要這樣講？
THE★
科學事實
哇啊啊啊啊
做不到做不到做不到做不到！
不、不能
讓學校去教孩子
嗎——!!
我，
無法
處理！
不行不行，
這個理由
不夠充分。
NO
你們自己以前
在學校聽老師
談性的時候，
有聽懂嗎——？
うっ
學習指導要領有規定，
中小學生在上性教育
這堂課的時候，
其實是不能提到
「性交」或「避孕」
這一類字眼的。
※日本情況
NG字眼
性交
避孕
真的假的!!

※嗯

避開這麼重要的單字
這樣能好好教孩子嗎？
感覺他們根本就沒有
認真看待「性」這件事……
不行…不能
指望學校…
不是嗎!!
所以說，
家長在家裡
要好好教孩子才行。
妳們的兒子
要是從A片
學會性交，
那該怎麼辦？
難以想像!!
不要啦
人家不要嘛
用科學性的方式告訴孩子什麼
是性，若覺得有點排斥的話……
那就用「小雞雞」
或「小妹妹」，
代替「陰莖」或「陰道」
這些難以啟齒的字眼
就好了呀。
我們家也是這麼說。
那…
那就好……
※呼
不過在告訴孩子身體構造時，
不要將焦點放在
「欠缺的部位」上，
而是要把重點放在
「擁有的部位」上。
「沒有小雞雞的
是女生」。
要這樣說
「有小雞雞的
是男生」。

女性的胸部與小妹妹、以及男性的小雞雞，這些穿泳衣會遮住的部位是「私密部位」。所以一定要告訴孩子，絕對不可以給別人看或者摸，這一點很重要！
就算不是私密部位，只要是自己不想讓別人看的地方，那就不要給別人看，也不要讓人家摸，父母親更不要亂碰！
這個是首要的基本原則。
這種事也是性教育的其中一環呀！
原來這是入口呀！
那…在這之前……
性交
…這檔事要怎麼教小孩子呀……
コソ…
如果是這件事的話，利用「書本」來教孩子就好了呀！
我們家也有……
宋美玄大力推薦
おへそのあな
ぼくどこからきたの？
《肚臍的洞洞》
作者・繪者
長谷川義史
譯者・林真美
（遠流）
《我從哪裡來》
作者・Peter Mayle
繪者・Arthur Robins
譯者・鍾雲譯（遠流）

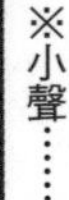
※小聲……

喔喔喔！
完全沒有含糊帶過、草率了事耶！好強喔!!
哇——
我從
家長可以跟小朋友一邊看書、一邊說明給他聽。
小寶寶就是這樣跑出來的喔——
儘量趁孩子還小的時候就建立這種關係，這樣彼此之間就比較不會害羞了。
性教育當中，萬不可行的就是
媽媽、媽媽什麼是做愛呀——？
或者是
不可以提這件事！
不然就是
我不知道耶！不要問我！
有夠討厭的這個孩子
做出否定的反應
這是丟臉的事
早知道就不說了
媽媽不喜歡
不可以問這個
不可以提這件事
我錯了……
這樣孩子以後就不會再跟父母提有關性的事了。

妳問這個媽媽也會
不好意思說的……
但是，
如果有個前提的話就ＯＫ！
總之不能把家長的固有觀念
加諸在孩子身上。
用說童話的方式或者是
搞神秘也不太好。
要是沒處理好
反而會在孩子的
心裡頭
留下創傷。
ガ
※咚——
那
送子鳥……
還有高麗菜田……
呵呵呵
妳們
說了呀
……
「小孩子是在天上選好父母之後
才跑進肚子裡的」之類的說法，
也是家長強迫小孩接受的
神祕說詞。萬不可行。
但是我們要好好地
對孩子說，
「謝謝你們
當我的孩子」喔！

說到這，妳們有告訴女兒怎麼洗「小妹妹」嗎？
怎麼洗小妹妹!!
欸欸欸！怎麼可能會教她這個呢！
連我自己都沒有人教我怎麼洗了！
我是因為小時候覺得摸小妹妹是一件很可怕的事，所以不太常洗……
現在有好好洗了喔!!
小妹妹要用專用的肥皂，蹲下來之後推開小妹妹的皺摺，輕輕地將內外兩側洗乾淨！
怕過於逼真所以請小兔子示範……
M字開腿！
現在這個時候教的話，應該比較不會尷尬吧——
次女・藍菜（小一）
明明會告訴她身體其他部位要怎麼洗……但是就只有這裡不教她怎麼洗也很奇怪，不是嗎？
明明是最重要的部位的說——

我還希望妳們能
順便告訴孩子，
上完廁所後要怎麼擦小妹妹。
不是從前面往後滑擦，
而是要把衛生紙
貼放在小妹妹上面，
慢慢把尿吸乾。
ぎゅー
※咻——
じんわぁ。。。
※吸乾……
從前面
往後擦的話，
有時會讓陰道
感染到細菌。
原來如此
同理，大便的時候
也不可以從後面
往前擦。
明明是大人
不知道的事情
竟然這麼多
……
しゅん…
※沮喪……
因為最新資訊
不容易隨時更新呀！
所以我希望大家
能認真看這本書，
跟孩子一起認識性！
拜託妳了！

性知識是讓日子更幸福的生活技能

你是不是認為性教育交給學校處理就好了呢？可是大家看看底下這張表格。在這份日本性教育學會針對「青少年性行動」設計的問卷調查當中，孩子對於「到目前為止，你記得下列這些內容那些是學校曾經教過的呢？」這個問題的回答。這些國中生不管男生女生，回答學校曾經教過性交的人約兩成，避孕及人工流產只有一成多。因為，日本政府發行的學習指導要領規定，學校不可以教導中小學生性交與避孕等內容。指導要領中提到，小學生要學習青春期這段期間的身體成長以及情緒變化，而且只有女生要了解與月經有關的細節。至於國中生，則是要學習懷孕、對於性資訊的應對方式

到目前為止，你記得下列這些內容學校曾經教過嗎？
（複選）（%）

	國中		高中		大學	
	男生	女生	男生	女生	男生	女生
懷孕的構造	70.4	75.0	84.1	87.9	85.0	88.9
做愛（性交）	21.7	16.0	56.8	48.6	50.7	41.8
避孕方法	17.5	13.0	81.2	79.5	78.0	74.7
人工流產	11.2	11.4	55.1	53.2	52.1	53.0
自慰	16.9	4.7	50.9	24.2	52.0	24.6
HIV／愛滋病	36.7	28.8	89.2	91.6	86.2	89.6
披衣菌或淋病等性病	21.8	16.0	78.6	74.4	65.4	64.9
男女觀念差異	63.8	66.7	62.0	58.5	56.4	49.1
戀愛	39.5	39.6	37.4	26.7	32.0	24.7
男女平等問題	46.2	45.1	56.4	48.1	61.9	58.4
約會暴力（情侶之間的暴力）問題	17.8	19.0	51.4	53.4	53.0	60.6
性騷擾、性暴力等問題	20.1	16.9	52.8	46.4	59.3	56.0
對性感到不安或困擾的諮詢窗口	17.1	17.1	37.3	27.5	41.7	35.4
性少數者（同性戀、性別認同障礙等）	14.6	15.1	36.8	26.9	50.2	51.8
男性身體構造	79.1	73.5	80.8	76.9	80.7	81.2
女性身體構造	70.2	87.7	78.3	85.6	76.7	87.8
其他	1.0	0.9	0.9	0.6	0.4	0.3
沒有特別教什麼	4.7	1.8	1.6	0.3	1.8	0.5
不知道・沒回答	3.1	2.1	2.2	2.0	1.9	2.2
基數	2290	2150	2127	2149	1776	2407

出處／《「年輕人的性」白書 第8回青少年性行動全國調查報告》日本性教育協會編（小學館，2019）

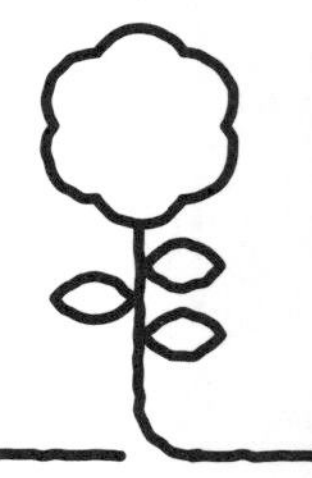

以及性病。雖然提到了懷孕，但是內容卻只談到「生殖器官成長、可能會懷孕」、「說明受精、懷孕等情況」，對於懷孕的過程以及經過一字也不提。而對於「性交易」、「性交」等字眼更是以「性接觸」這個詞來代替。

於是孩子們只好透過朋友或學長姐、漫畫及網路，甚至是成人影片來尋求相關資訊。得到的資訊正確那就算了，問題是這當中有不少是多餘而且偏頗的內容。面對這個性資訊琳瑯滿目、多到氾濫的世界，我們最起碼要告訴孩子一些最基本的性知識，好讓他們能夠判斷這些資訊是否正確。而這些性知識，應當足以成為讓孩子今後的人生更加幸福的生活技能。

「小寶寶是怎麼出生的？」是性教育的起跑線

有人會問：性教育要從什麼時候開始教。而最佳時機，就是當孩子開始對這件事有興趣的時候！只要孩子問「小寶寶是怎麼生出來的？」這個問題時，其實就是在暗示我們性教育可以開跑了。問起胸部與小雞雞之類的問題時也是一樣。雖然這個問題會讓家長難以啟齒，但我們要儘量秉持科學態度，坦坦蕩蕩地把這些知識告訴孩子。身為家長的我們可以事先準備一些與性有關的繪本，只要孩子提出這個問題，就立刻把書拿出來陪他一起看。另外，我們還可以試著搭配本書最後的「性教育卡片」，善加利用喔。

還有一點，與其專注在傳遞正確知識這件事情上，其實我們可以先開闢一個聊天的領域，讓孩子知道「性是一個普通的話題」，這樣或許會比較妥當。在剛才提到的日本性教育協會問卷當中，可以看出性在孩子的心目中是一件「不會讓人幸福」而且又「骯髒」的事，而且如此強烈的印象還在逐年增加當中。然而只要將性行為與性衝動視為平常事，讓孩子在遇到懷孕或性病等問題時能先找父母商量的話，他們的人生一定會幸福一輩子的。

column
告訴我!!
專家

網路上的性資訊

一提到性教育這個話題，許多父母紛紛坦承心中的不安，
「孩子要是在網路上看到充滿偏見的資訊或者是過於激進的表現時該怎麼辦？」
因為他們對於網路世界不熟，而且那些令人生畏的資訊還會一直傳進孩子的耳朵裡。
為此，我們要請教熟知網路素養（Net Literacy）的
聚逸株式會社（GREE,Inc.）・小木曾健先生與大家談談這個問題。

Q

網路上的性資訊為何會如此激進呢？
還有，家長要怎麼做
才不會讓孩子看到這些網站呢？

answer

是否過於激進，我覺得要看大家對於性資訊的「定義」是什麼，還有家長「不想讓孩子看到什麼」。別說網路了，不過於激進、毫無偏見的性資訊基本上是不存在的。而網路只不過是取代了我們小時候偷偷看到那些所謂的「色情書籍」與深夜節目罷了。

孩子會上這樣的網站，主要是因為上網搜尋資料時，在網路上看到了這些彙整的資訊，以及與其他孩子交換資訊得來的。若問家長該怎麼做，像智慧型手機的話可以在取用限制內設定限制成人內容，YouTube的話就讓孩子登入兒童版，只要網路出現內容明顯有問題的影片，就能立刻阻擋孩子點擊連結。如果是電腦的話，只要加裝全家人適用的防護軟體，就能掌握並且限制孩子點擊內容有問題的網站了。

但是在整個性資訊當中，這些過濾・防護軟體能夠應付的內容僅佔極少一部分，因為「性資訊」這個類別的範圍實在是太過廣泛了。孩子自己上網查詢時，還是會找到進入這些網站的捷徑。這麼說或許無奈，但是家長要知道，那些「不想讓孩子看到的」資訊是不可能完全封鎖的。另外，我們還要認識到一點，那就是這種情況並不是「不讓孩子看就算安全」這麼簡單。

要怎麼樣才能夠杜絕那些性表現過於激烈的漫畫廣告跳出來呢？

answer

廣告上如果有「X」這個圖示，有時點擊這個地方將畫面關閉之後，廣告會比較不容易再跳出來。雖然我們可以使用廣告封鎖軟體，或者是在智慧型手機的OS裡設定限制，但並不是所有廣告都是以相同結構來呈現。因此我們要記住一點，那就是這些軟體與設定只不過是讓色情廣告「比較不容易跳出來」而已。

任何人之所以都能夠自由地，而且幾乎是免費得到網路上那些龐大的資訊，就是因為這類廣告的存在。倘若我們能夠好好地告訴孩子點擊這些廣告而陷入惡質服務時會有什麼下場的話，或許就能夠發揮一些遏止的作用。

家長想要杜絕猥褻資訊的心情固然能理解，但是這麼做需要承擔何種程度的風險、杜絕之後能夠有多少效果、若是沒有網路的話問題是不是就能夠解決，這些都要從最基本的地方開始整理。

網路是將無形之物化為有形的工具，而且這種工具只不過是以淺顯易懂的方式將以往曾經存在、但是尚未被家長看到的資訊拿到檯面上來而已。至於接觸網路上的資訊會助長人們採取不當的犯罪行為這件事，到目前為止，也尚未有人提出客觀且長期的驗證資料。

好奇心這種事是無關性別的。大家可以想想自己小時候不管是什麼事，大人越是想要隱瞞，小孩子就會越好奇，更何況性這種事是藏不完的。與其如此，不如相信孩子，針對網路培養出他們的資訊素養反而比較重要。順帶一提的是，這類廣告只要點擊一次，之後就會經常出現在螢幕上，所以親子共用一台電腦時，家長一定要特別小心留意。

profile

小木曾健

Ogiso Ken/1973年出生，埼玉縣人。於IT企業擔任社會貢獻部門負責人的同時，亦透過執筆寫書、連載文章以及媒體演出等方式，廣傳與資訊素養有關的情報資訊。著有《11歳からの正しく怖がるインターネット》（晶文社）、《ネットで勝つ情報リテラシー》（筑摩書房）。

vol.2 ……………………生理期來了——！

教學觀摩結束之後的回家路上。
噹——
噹——♪
噹
前一陣子我們家老大的那個學年好像開始上慣例的那堂課了耶！
長女・美崎（小五）
美崎已經五年級了嗎？那差不多了呀——
？「慣例」的什麼!?
就是只有女孩子要到體育館集合一起上的那堂慣例的課呀!!
喔喔
美崎……還沒來吧？
嗯。不過班上好像有好幾個同學已經來潮了。我們家孩子長得高搞不好也快來了。
春菜呢？什麼時候開始來的？
我女兒？
山田家長女 春菜（高一）
我們家女兒升國中之後就來了喔——。不過每次好像都會飽受生理痛摧殘，所以每個月都會哭鬧一次……
我沒有辦法上課!!
妳不是快考試了!?
天哪，好可憐喔！

連我每個月都會
忍住生理痛去上班了，
當然會跟她說
「妳就忍一下嘛」。
呃啊啊……
生理期來
會痛，
不是
理所當然
的嗎？
等等、
等等、
等等！
宋醫師！
我們診所正在實行
「生理痛撲滅運動」
喔!!
不可以隨便
教孩子忍！
要告訴她們
適當的應對方式，
看是要吃藥
或者是去看婦產科!!
嗯──
可是吃藥的話，
不會越吃越沒效嗎？
這點也挺令人擔心的。
生理痛
是不該存於
這個世界上的！
揮旗──！
喝!!
※喝!!
會痛當然要
先吃藥呀!!
妳忍那個痛
有什麼好處呀!?

生理痛的藥需要一段時間
才能發揮作用，
所以一旦開始痛
就要立刻吃藥！
而且一個月
也才吃那麼一兩天，
怎麼可能會
藥物上癮，
甚至失效呢？
說的也是，
或許是因為
「大家都會痛……」
所以我才會習慣
忍下來。
還有，怎麼說好呢？
生理期這種
「上天賦予女性的神秘現象」，
用藥物來對抗的話，
心裡頭會覺得怪怪的……
神．祕!!
生理期
怎麼會
「神祕」
呢？
生理期
不僅
神祕……
把生理期
說成是在
「排毒♡」
那更是
大錯特錯!!
嚇
抓
爬爬爬……
妳……妳這樣會成為
子宮商機的餌食喔……
生理期是一種
很正面的現象，
不要把它
說成那個樣子啦!!
要排毒
尿尿就夠了!!

妳們到底
懂不懂生理期呀？
為什麼每個月
小妹妹會出血呢!?
呃……因為血囤積在
子宮裡……所以每個月
要排出一次？之類的？
不對不對!!
對不起！
我的記憶
非常模糊，
搞不好
我也不懂。
其實
我也不太懂。
我也是。
搔頭
那是妳們自己的身體耶——
既然如此，
那我就趁這個機會，
幫大家上個課吧!!
何謂
生理期!!
孕育寶寶的子宮，
每個月都會為了懷孕
而做好準備。
卵巢
吐
輸卵管
卵子
卵巢每個月
會吐出一顆卵子。
這就是排卵。
之後，
卵子會移動到
輸卵管。

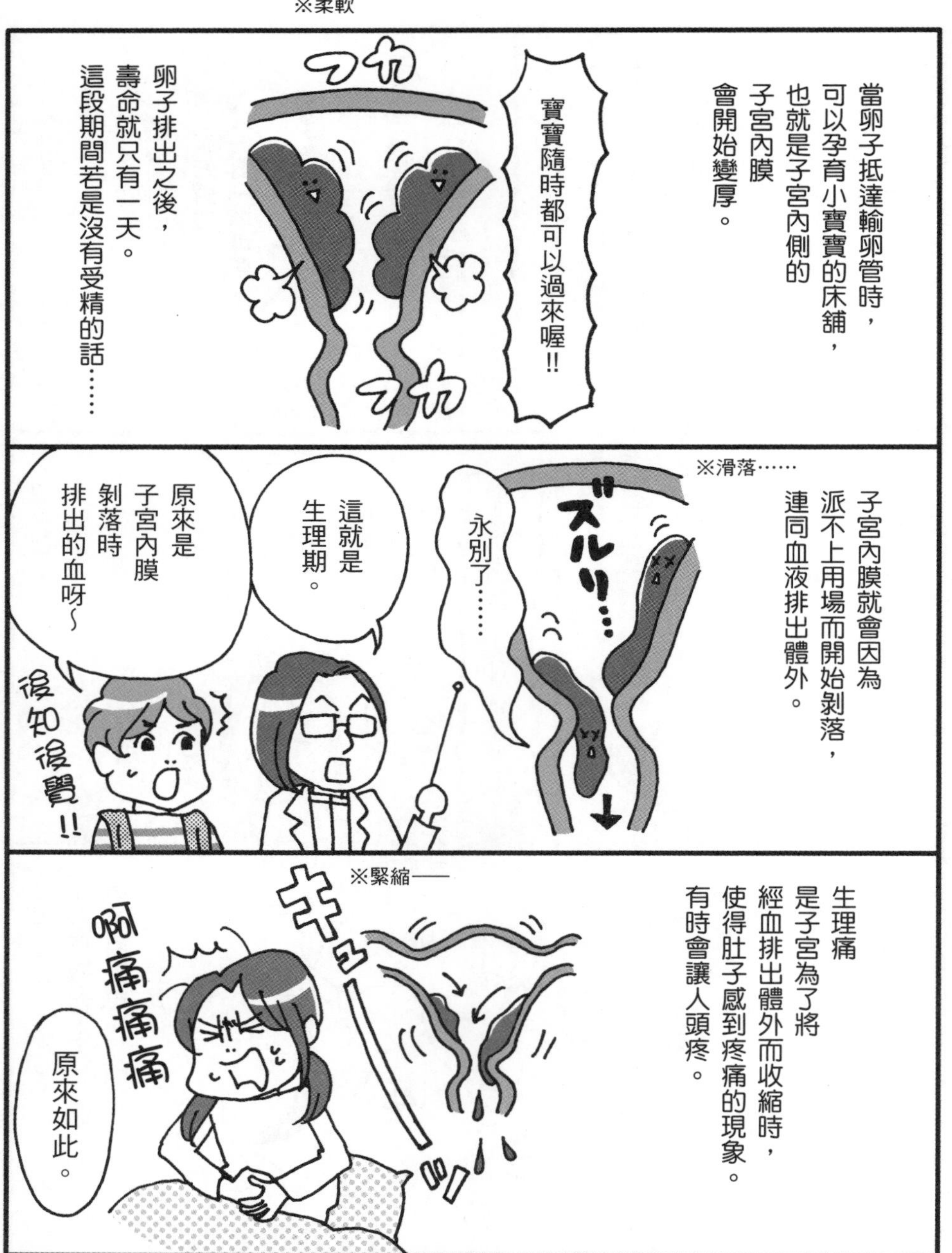
※柔軟
當卵子抵達輸卵管時，可以孕育小寶寶的床鋪，也就是子宮內側的子宮內膜會開始變厚。
フカ
寶寶隨時都可以過來喔!!
フカ
卵子排出之後，壽命就只有一天。這段期間若是沒有受精的話……
※滑落……
子宮內膜就會因為派不上用場而開始剝落，連同血液排出體外。
ズルリ…
永別了……
這就是生理期。
原來是子宮內膜剝落時排出的血呀~
後知後覺!!
※緊縮──
生理痛是子宮為了將經血排出體外而收縮時，使得肚子感到疼痛的現象。有時會讓人頭疼。
キュ
ッ
啊痛痛痛
原來如此。

也就是說，我們都會以為「每個月有生理期是健康的證據」，但是針對「準備要懷孕」這件事，就醫學上的立場來看，「小妹妹流血」根本就沒有什麼意義!!
流不流血跟健康毫無任何關聯!!
真的假的——!!
騷動…
騷動…
以前的人因為懷孕次數比較多，所以停經期間也會跟著拉長。
現代的女性
以前的女性
初經
約12歲
約15歲
懷孕
30～40歲
15～40多歲
生產
0～2次
5～8次
生理期次數
約450次
約50次
與100年前的女性相比現代女性的來潮次數已經增加2～9倍了。
9倍!!!
怎麼這麼多!?
9
生理期次數這麼多，在人類史上根本就是創舉！甚至是反常。
真的是反常耶……
天哪……
而且，有生理期的話，得到子宮內膜異位症的風險也會跟著提高。

部分經血若是逆流到輸卵管裡的話，
有時會流向卵巢或腹腔中。
但這裡頭有內膜組織，
要是不小心附著在這上頭
而生長的話，
恐怕會在卵管或腹腔裡
引起內膜異位症。
妳怎麼可以逆流！
內膜
內膜
內膜每次因為
排卵或生理期而剝落時，
卵巢與子宮就會引起發炎，
如此一來負擔就會變重。
生理期
又來了……
好累喔。
呼
呼
所以利用避孕藥之類的藥物
來減少生理次數、
或者是舒緩生理不適，
讓子宮休息一下也很重要喔！
而且以前的人
生理期次數
沒有那麼多，
身體真的
輕鬆很多喔！
咦？避孕藥
不是只能調整經期嗎？
那週已經
安排好要去旅行了，
又怕那個會來，
看來要吃個避孕藥
調整一下喔……
不對不對！
也可以
控制生理期喔！

嗯~這讓我對生理期這件事改觀了喔。
總之，日後生理期來要是會痛的話，那就吃藥吧！
沒錯！
吃了藥之後，可以直接讓患部稍微保暖一下，或者是喝杯熱飲也行喔！
對了，宋醫師，女兒初潮來時有什麼事是身為家長的我們能夠為她們做的呢？
煮紅豆飯慶祝一下？
不行，這樣會弄巧成拙的！
青春期的女孩子是很敏感的，很多孩子其實不太想讓父親知道。所以夫妻倆偷偷共有這個消息就好了。
告訴你……
喔喔！
「生理期來潮」這件事算是孩子的隱私，所以不要覺得告知是一種義務。
要不要告知，是孩子的自由！
可是，不說的話，我們要怎麼教她們呀？
不是還要幫她們買衛生棉嗎？

重點來了!!
事先準備好
再告訴她們
就好了呀！
要是覺得……
女兒的乳房好像開始隆起、
私密處開始長毛的話——
我從今天
開始，
要一個人
洗澡喔……
運動型內衣
看來時機到了……
衛生棉
我放在
這裡。
量多型的
在這裡喔。
用過的
要丟在
這裡。
把與生理有關的書拿給女兒看，
儘量讓她們做到
就算沒有告知家長，
也能夠自己應對處理的地步。
經期剛開始的時候，
有的孩子會覺得
非常厭惡、排斥
甚至反抗。
討厭
好髒喔
好噁心喔
我不想
長大了
……
但是這種情況
若是與父母的關係、
以及家長本身的生長歷程
有關聯的話……

例如這樣的家長……
胸罩？還早吧！
那種有蕾絲的內衣褲……幹嘛搞得那麼性感？
白色就可以了！
家長可以回想一下自己初潮來時的心情，
有需要的話，其實也可以和輔導員聊聊的。
嗯——我忘記了耶——
我記得父親只是對我說「恭喜！」這句話就讓我覺得很討厭！
我是不太想要碰這件事……
我記得生理期剛開始的時候，不是很規律對不對？
咦——？真的嗎？
沒錯。正常來講，初潮來了之後，不規則的經期會持續一段時間。
那個……突然想起來
這個月……上個月也……？
但之後若是超過3個月都沒有來潮的話，最好是到婦產科檢查一下。因為這種情況的人，將來有可能會比較不容易懷孕、甚至有罹患骨質疏鬆症的風險。

看來
一邊尊重本人的心情、
一邊關心她們
與冷處理這兩件事，
必須好好分開來想才行了。
曾經有位患者
要我幫她調整經期，因為
負責管理家中衛生棉的媽媽
問她說
「妳最近生理期怎麼還沒有來？
沒事吧？」
還好吧？
咦──什麼呀。
這恐怖片嗎？
好可怕喔──
這是在懷疑她懷孕了嗎？
隱私何在呀……
就算沒有那個意思，
女兒的經期
也不要一直緊盯著不放！
最重要的是，
當察覺到孩子有所不安時，
要陪伴在旁好好應對。
怎麼了？
孩子在生理期上
遇到的問題，
跟大人有什麼
不一樣呀？
自己那時候的事情
已經忘了……

※好痛
與大人一樣有PMS（經前症候群），也會焦慮不安、慵懶無力、肚子與腰也會痛。
情況要是太嚴重，解決的方法就是吃避孕藥停止排卵，不然就是吃中藥。
尤其當生理痛的情況過於嚴重時，一定要去婦產科檢查，就怕是子宮內膜異位症引起的。
小孩子也會得子宮內膜異位症呀!?
當然會！
可是，我不太想帶孩子去看婦產科耶。
連我自己也是懷孕之後才去看婦產科的……
有些國家會等到女孩子成長到某個階段之後，就會幫她安排一個固定看診的婦產科醫師。
可是呀——讓孩子接受內診這個就…有點……
連大人都會覺得有點不舒服了……
對呀對呀

沒有性經驗的人，
醫師幾乎是不會診察陰道的。
更別說將擴陰器
或者是手指伸入陰道
內診了。
不過小妹妹會痛、
或者是會癢的時候，
就要請醫師診察性器了。
只用超音波
檢查得
夠詳細嗎？
當然可以。不過偶爾會遇到
超音波檢查不到的部位，
這時候就可能要從
直腸（肛門）伸入器具診察了。
肛門!!
這個也
很討厭……
總之上婦產科看診的門檻
最好拉低一點，
這樣日後去看診也會比較安心。
不光是病情嚴重的時候，
平時只要秉持著「生理期
開始了，所以我來看診♡」
這種心態來就好了。
輕鬆一點……
跟性教育一樣，
不要把它想得太奇怪，
甚至敬而遠之就好了。
是吧……

對了。
要怎麼找到一個
好的家庭醫師呀？
嗯——。
合不合得來
關係
很大的——
總之先請醫師看診，
要是不喜歡的話，
那就到別的醫院
找其他醫師就好了。
那位醫師
有點……
就算妳不給他看，
醫師也不會怎麼樣的。
我是完全
沒有關係。
只是綜合醫院的醫師
都要忙著接生跟動手術，
所以「生理痛」
這方面的諮詢
恐怕會沒有時間處理。
這是不可否認的事實。
所以我認為給住家附近的
醫師看診會比較好。
怎麼了——？
天哪，已經
這麼晚了～!!
下午的看診時間
快要到了!!
有問題再到我們
診所來喔——。
先走了！
便利商店

揭曉生理期構造的面紗吧！

初經通常是在10歲至14歲這段期間到來的（初潮的平均年齡為12.4歲）。不過這與體重以及BMI（利用體重與身高的關係來表示肥胖程度的體格指數）也有關係，體格較好的孩子通常會比較早來潮。

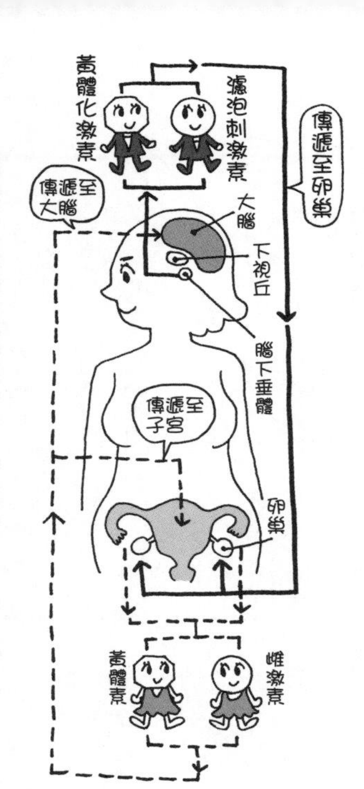

生命的神祕之處!? 意外複雜的月事構造

這個部分特地搭配卷末的性教育卡片⑥「月事的構造」，將希望大家先知道的生理期形成過程彙整成篇。

生理期不會只在子宮裡進行。大腦底部的腦下垂體所分泌的促性腺素釋素（濾泡刺激素與黃體生成激素）以及卵巢所分泌的女性荷爾蒙（雌激素與黃體素）都是促成生理期的要素。而這些要素的關係就如同上圖，必須經過一番複雜的線路，生理期才會出現。

生理期

女性的身體狀況如同下圖，變化的週期約1個月。
特別是正值青春期的時候身體非常容易出現變化，再加上經期不穩定，算是一個問題較多的時期。
在意的時候可以量一下基礎體溫。
所謂的基礎體溫，指的是起床後在安靜的狀況之下測量到的體溫。

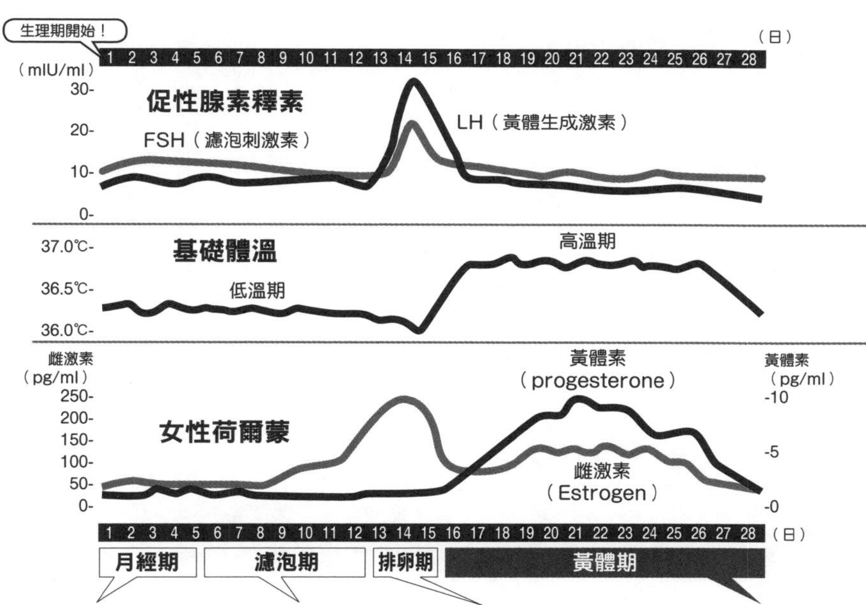

月經期：受精卵沒有抵達子宮的話，雌激素與黃體素就會急遽減少，如此一來生理就會開始。這個時期情緒會不穩定，非常容易腹瀉、便秘或者感到倦怠，故要多加休息。另外在青春期這段期間，青春痘等肌膚問題也會頻頻出現。

濾泡期：腦下垂體會分泌出濾泡刺激素，讓濾泡（將卵子包裹起來的泡狀囊袋）得以在卵巢中成長的時期。另外，卵巢也會分泌出雌激素，讓子宮內膜開始變厚。這個時期水腫會消除，身體與肌膚問題也會好轉。

排卵期：濾泡成熟，雌激素的分泌達到高峰。黃體生成激素也會分泌，好讓卵子處於容易受精的狀態。此時濾泡會將卵子釋放出來（排卵）。受到這種情況的影響，食慾會或增或減，另外頭疼、焦慮不安、昏昏欲睡，以及脹氣等不適症狀也會比較容易出現。

黃體期：排卵後，濾泡會受到黃體生成激素的影響，變成一種名為「黃體」的黃色組織。這個黃體會分泌出黃體素，讓子宮內膜變得更厚，使身體處於準備迎接受精的狀態之中。此時基礎體溫會上升，有時身體也會感覺到慵懶無力或腹痛。

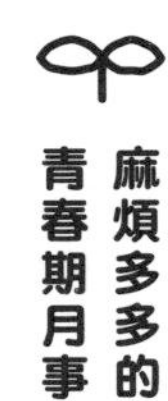

麻煩多多的青春期月事

女性通常要到18～20歲左右子宮與卵巢等性器官才會成熟。而在前一個階段的青春期當中，每個月的排卵時間與經期並不穩定，所以孩子往往會一個人想太多而感到不安。因此我們要告訴孩子，有什麼狀況就說出來。必要的話，就帶她們上婦產科看診吧。

○生經期異常

頻發月經

經期週期比一般人還要短（少於24天）。

〔原因〕青春期這段期間的荷爾蒙容易失調，故常見無卵性月經，甚至週期縮短。

〔應對方式〕就算經期間隔短，只要月經持續來潮，多加觀察後續即可，不需焦慮不安。倘若每次週期都差不多長，那麼就有可能是體質造成的。

稀發月經

經期週期比一般人還要長（超過39天，3個月以內）。

〔原因〕因為無卵性月經或者是濾泡期過長。體重暴增以及不合理的減肥方式有時也會造成影響。

〔應對方式〕就算經期間隔長，只要月經持續來潮，觀察後續即可。若是超過3個月，則需就醫。

續發性無經

原本準時的經期持續3個月沒來。

〔原因〕過度減肥、肥胖壓力以及激烈運動所造成的。比較罕見的因素還有腦下垂體腫瘤以及內科方面的疾病。

〔應對方式〕大腦掌管生理的下視丘受損的話，有時甚至還會導致不孕，故需立刻就醫，以利早期診斷與治療。

原發性無經

超過18歲，初經卻尚未來潮。

〔原因〕先天染色體異常、子宮與陰道發育不全、卵巢功能不良、處女膜閉鎖、腦部連結下視丘的腦下垂體異常等。

〔應對方式〕這種症狀日後可能會導致不孕，需早期診察，盡力治療。

經期過長

經期天數超過8天。嚴重的話可能會導致貧血。

〔原因〕荷爾蒙失調以及無卵性月經所導致的月經不順或經血過多。

〔應對方式〕有時是因為卵巢功能障礙或黃體功能障礙等疾病所導致的。倘若每個月持續出血的天數超過兩週，則需儘早就醫治療。

○經血異常

正常來講，一般的經血（月經來潮時所排出的血）量約20～140ml，持續的天數為3～7天。

經血過多

經血量多到超過140ml，非得每小時更換一次衛生棉才行。經常併有血塊，有時會出現貧血症狀。

經血過少

經血量少於20ml，而且經期1～2天就結束，甚至少到幾乎用不著衛生棉。

〔原因〕不管是哪種情況，均深受體質與個人差異影響。尤其是經期並不穩定的青春期較為常見。

〔應對方式〕觀察經血，並做紀錄。擔心的話不妨就醫看診。

○有關月經的其他問題

經前症候群（PMS）

從經期前3～10天一直到月經來潮的這段期間所出現的不適症狀，例如頭疼、腹痛、腰痛、昏昏欲睡、肩膀僵硬、便秘、肌膚粗糙、水腫、焦慮、憂鬱等。

〔原因〕排卵後受到分泌的黃體素所影響。

〔應對方式〕請醫師開立處方箋。另外，自己在睡眠、規律正常的飲食生活以及轉換心情等方面也要有所調整。

月經困難症（經痛）

月經來潮時會腹痛、腰痛、頭疼、噁心想吐。若是嚴重到需要躺下休息的話，則需要接受醫療上協助。

〔原因〕年紀輕而且子宮發育不全，或者是月經來潮時子宮過度收縮。

〔應對方式〕請醫師開立處方箋。亦可泡澡暖身或者適度運動，促進血液循環。

column
告訴我!!
專家

生理用品的最新消息

每到藥妝店，一整排的生理用品總是讓人看了眼花撩亂。
但是妳知道這每一種究竟有什麼不同呢？
接下來就讓我們請生產衛生棉等眾多生理用品的
Unicharm 嬌聯來為大家解惑吧。

Q

可不可以告訴似懂非懂的我
生理用品有哪些種類呢？

answer

衛生棉是最具代表性的生理用品，大致可以分為日用型・夜用型、有翅膀・無翅膀，現在甚至還可以根據經血量來區分使用。「日用型」在製作時是以攜帶式尺寸為標準，並以白天每2～3個小時就要更換一次為前提。「夜用型」的話是平躺時使用的衛生棉，因此後半部的面積會比日用型大，長度將近兩倍。順帶一提的是，寫在商品名後面的數字是衛生棉的長度。假設商品名是「○○360」，就代表這是36cm（360mm）長的衛生棉。長度越長，吸血量就越多。而臀部這一端的尾翼部分為鎖水隔離層，每一個部位都能夠幫助導流，以防經血後漏。

至於「有翅膀」與「無翅膀」的衛生棉，可視白天的活動量以及成本來挑選。「有翅膀」的衛生棉可以將翅膀（蝶翼）固定在內褲上，以防側漏。當孩子要上體育課或大人需要一直蹲站的日子裡，都可以使用這款衛生棉。「無翅膀」的衛生棉則適合在經血量較少、一整天都在家裡等活動量不大的日子使用，價格上來講也比有翅膀的衛生棉稍微便宜。

另外還有「衛生棉條」這種可以推入陰道內側的內置式生理用品。這種生理用品可以避免經血溢出，非常適合在需要激烈運動、游泳或泡澡時使用。導管型的衛生棉條比較容易推進陰道裡，但是有可能會引起「中毒性休克症候群」（Toxic Shock Syndromed， 簡稱TSS），所以一定要在8個小時內從陰道中取出。

○具代表性的衛生棉長度

日用

量少型	一般～量多日用型	量特多日用型	
17.5cm ～	20cm ～	23cm ～	26cm

夜用

量多夜用型		量特多夜用型	
26cm ～	29cm ～	33cm ～	42cm

○具代表性的衛生棉形狀

日
無翅膀
衛生棉的
基本型

日
有翅膀
將翅膀固定
在內褲上

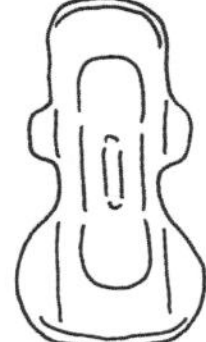

夜
有翅膀加上令人安心
的長度，
將翅膀固定在內褲
上，以防外漏

○衛生棉的厚度

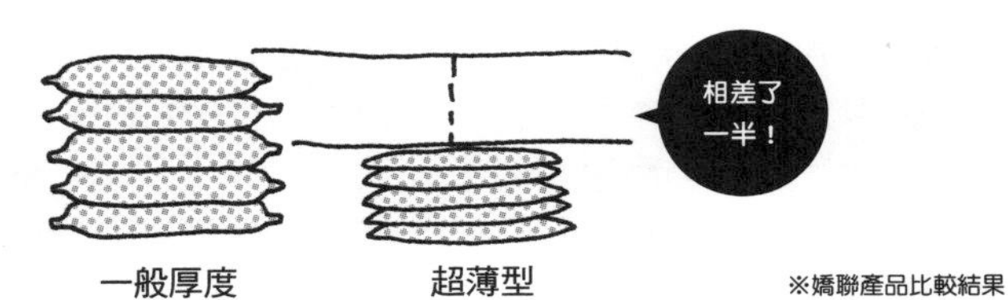

※嬌聯產品比較結果

○衛生棉條的構造

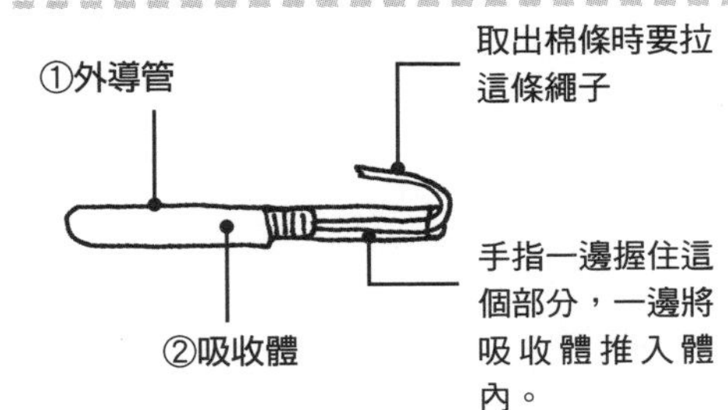

①外導管
方便讓吸收體放入正確位置的部分。前端為圓滑型，比較容易置入棉條

②吸收體
藏在導管（塑膠部分）中，由可以吸收經血的纖維製成。

※另外還有無導管的指入型。

Q

有點擔心孩子的衣服會沾染到經血。
有沒有什麼好方法可以避免經血外漏呢？

answer

先幫孩子準備「生理褲」吧。經血外漏絕大多數都是因為選錯內褲。普通的內褲包覆力差，無法讓衛生棉服貼在臀部上，整個偏移，導致經血外漏。到內衣店可以買到各種款式的生理褲，不過建議盡量挑選可以將整個臀部包覆起來的款式，這樣衛生棉才會服貼在股溝及臀部上，不會移位。另外，購買生理褲時我們往往會選擇大一點的尺寸。如果能夠事先量好自己的臀圍，挑選一條大小剛好的生理褲的話，這樣衛生棉就不會移位，同時也能有效預防外漏。

此外，遇到經血量特別多的日子或者是晚上，除了夜用型衛生棉，其實我們也可以試著搭配衛生棉條，最後再穿上緊身褲或者是運動燈籠褲，這樣床單會比較不容易弄髒。要是做到這種地步還是會外漏的話，那就有可能是因為經血過多，建議去醫院檢查看看。

市面上還有「褲型衛生棉」這款最新商品。這種內褲造型的衛生棉雖然價錢偏高，但卻只要把衛生棉當作內褲穿就好。這種衛生棉整件內褲幾乎都是吸收體，當然就不會因為移位或縫隙而導致「外漏」了。衛生棉褲可以覆蓋至腰部，服貼在腿邊的側翼還能有效防漏。經血量多，而且睡覺時總是會把床單弄髒的人都說這款褲型衛生棉可以讓人不需擔心睡姿，一覺到天亮。孩子參加戶外教學需外宿時非常適用，就算是大人，遇到需要搭飛機或新幹線長時間移動時穿上這款褲型衛生棉也非常方便。

補充
column

推薦給媽媽的
進化型生理用品

如今，新類型的生理用品也接連誕生。
首先先由「生理期的老兵」媽媽們來使用看看吧！

○布衛生棉

以棉、絲與亞麻等布料為材質的衛生棉。重疊的內層吸收經血毫無問題。每片大約可用2～3個小時。每個人情況雖然不同，不過一天用量約需3～5片。布衛生棉的好處，就是材質與內褲一樣，觸感舒服，不易起疹子，透氣性佳，不會因為悶熱而產生異味。而最大的好處，就是不會製造垃圾，不過用過之後要清洗。清洗時先浸泡在稀釋的肥皂水中，洗淨之後晾乾即可。每片布衛生棉的價格約1500日圓～2000日圓左右。考量到清洗後需要重複替換，因此兩天的經期最好準備10片左右。剛開始不妨從經血較少的日子試用看看吧！

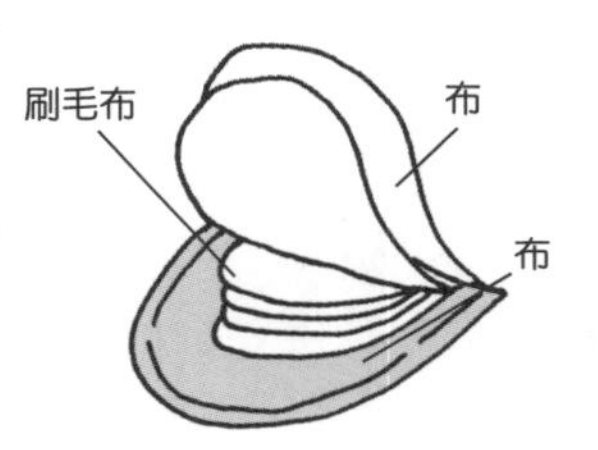

○月亮杯（月經杯）

以醫療級矽膠為材質製成的杯形生理用品。

大約10年前主要在歐洲流傳的月亮杯。捲起之後直接置入陰道便可盛裝經血，而且異味也不會飄散出來。經血量少的時候最長可在體內放置8～12個小時。一個約3000日圓～5000日圓。至於消毒與保存等方式只要正確，就能夠重複使用，如此一來不僅能減少丟棄的生理用品，就長遠來看，CP值還算高。不過月亮杯的缺點就是置入與取出都需要一段時間才能適應，清洗與保存麻煩，經血量多的時候也無法在外面使用。

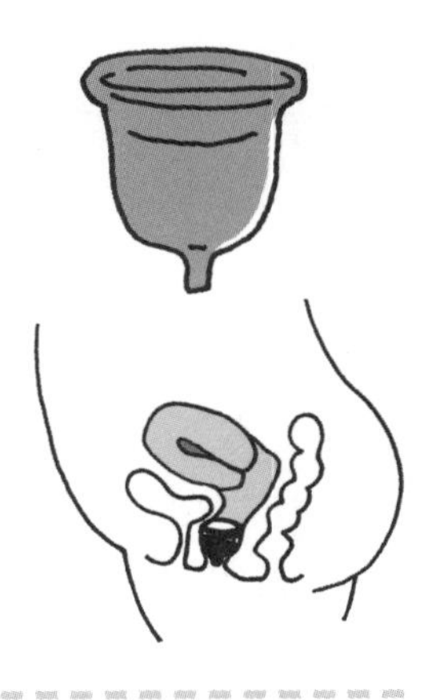

vol.3 ……………………… 女兒懷孕了？

小學的PTA室
ズーン
※發呆——
喂……妳怎麼了？身體不舒服嗎？沒事吧？
妳從剛才手就停下來，沒有在貼鈴鐺符號耶！
啊！
對、對不起！
什麼鈴鐺符號嘛!! 日本現在年號是令、令和不是嗎!? 妳不覺得這種機械式的作業持續好幾十年很誇張嗎？
等等，冷靜一下。
怪罪鈴鐺符號還是解決不了問題的。
妳是不是有什麼心事呀？
告訴妳，我們家老大……
高一
春菜嗎？
媽媽……
嗯？怎麼了？
我生理期……已經兩個月沒來了……
ブフォッ
※噴茶
難道她……
不不不不不!!

她、她才高一耶!?
而且我們家女兒怎麼可能會
搞出這種事呢……
捏
看著我們的
眼睛說吧
……
聽說當今的女高中生
20％都有性經驗呢……
每5人就有一個!?
這絕對不是
太稀奇的事！
妳有沒有按照
宋醫師給我們的建議，
教導孩子性教育呀？
秋雄
(小四)
藍菜
(小一)
兩個小的
我是用醫師推薦的繪本
慢慢教……
可是妳要我教高中生
這太寫實了…我還沒教……
啊──可是
早知會發生這種事，
當初就應該要
好好幫她上
性教育的!!
嗚
但她也未必
是因為懷孕啦。
不然現在帶春菜
去宋醫師那邊
看診？
碰
對吼!!
現在就去!!
剩下的鈴鐺符號
就拜託妳們了!!
喔、
好……
性教育
我們也…
加油吧……
嗯……

沒錯，什麼懷孕，照理說我們家的孩子應該還沒有性經驗才是!!
山田家
我回來了！春菜在家嗎!?
ドーン!
※咚！
※喀啦——
シーーン…
※愣——
於是，
※診所
SONG LADIES
クリニック
驗孕結果明明是陰性……但是生理期卻已經超過兩個月沒來了……
恩恩
難道她已經有性經驗了嗎？
わっ
※哇
冷靜冷靜
……
性交並不是犯罪，也沒有人規定一定要到幾歲才能做。
有那個念頭的話，去做就好了。不是嗎？

做是可以，但不管是男方還是女方
若是無法對自己的行為負責的話，
那就一定要好好避孕！
所以說
性教育
很重要的!!
之前我就說了
既然學校不教孩子
「性交」與「避孕」，
那麼正確的知識
就必須要靠家長來教了！
語無倫次
我知道
要這麼做……
只是
還在猶豫而已。
誰知道……
胡言亂語
置之不理的話，
孩子就會不小心
先從朋友或學長姐、
或者是漫畫、網路
A片中得到
與性有關的資訊。
但是這當中過於刺激、
或者是錯誤的內容，
根本就是層出不窮!!
這些絕大多數，
都是男性、
因為男性、
而為男性
所創造的幻想!!
正確的性知識
只能靠父母來教!!
還有
沒有教好孩子的話
那就算了
但是……
太多人以為
「射在外面
就不會出事！」
體外射精
是無法避孕的!!

※咚——

醫師，那保險套應該安全吧……!?
保……!!
保險套也不是100%能避孕。要是戴錯、或者是破洞的話，裡頭的精液就會漏出來。
啊～～
白
天哪……
所以保險套一定要戴好。
不然會出事的!!
因為有的男性明明就不想負責任，但是性交的時候，卻又不想戴保險套。
總而言之，這都是因為男孩子都沒有好好接受性教育所造成的!!
所以說性教育很重要!!!（第二次）
兒…兒子的性教育我會多加努力的……
白
還有，保險套除了避孕外，還能預防性病喔！
小聲
不過性病有時，會經由口腔傳染所以要小心喔——
這種情況就算是我也是束手無策的——

最好的避孕方法
就是服用避孕藥！
因為避孕藥幾乎可以100%避孕!!
若是遭到性侵、
在不期望的情況之下被迫性交，
甚至對方未經許可
就在體內射精的話，
我們還可以靠緊急避孕藥（事後丸）
來解決問題。
只要在72小時內服用的話，
98%通常都能夠緊急避孕。
所以不需要半夜
急著衝到醫院去！
就算談不上性侵，
但是女孩子若是遇到
男孩子強迫性交時，
我不想
被他討厭……
對方可能會
受到傷害……
往往會隨著當時的氣氛
答應對方。
對於避孕這件事，
也非常容易
受到氣氛影響!!
可以不要戴套嗎？
不喜歡的話，
拒絕
也沒關係。
絕對不行!!
覺得
應該可以吧？
那就去做。
做了之後，
覺得下次
還是不要的話，
拒絕也沒關係。
這次那個——
這次……
那麼下次也是？
雖說答應他一次了，
但是這並不代表
下次也要答應他。

食物這種東西
應該沒有人會想要
硬塞吧!!?
好了!
滿滿的
大蒜
油油的
炸豬排拉麵
一碗!!
ドン!!
※咚!
油亮
會消化不良
……
我正在減肥
……
不吃……
兩者情況一樣。
想吃的話,那就吃。
吃了一次之後,
發現不好吃,
那麼下次
不要吃就好了。
就是這樣!!
啾嚕
要是因為在乎對方,
而違背自己的意願性交的話,
最後染上性病,
不小心懷孕,
甚至不得不把孩子拿掉的人
會是女性喔!!
16~18歲的生產件數,
在日本國內一年有6千件,
但是選擇人工流產的人
卻高達1萬件呢
當然,
這背後還有
許多因素。
但是我想要推廣的是
「沒有那個意思,就沒有SEX」
這個觀念。
「不要
就是不要……」
就跟你說「不要」了!!!

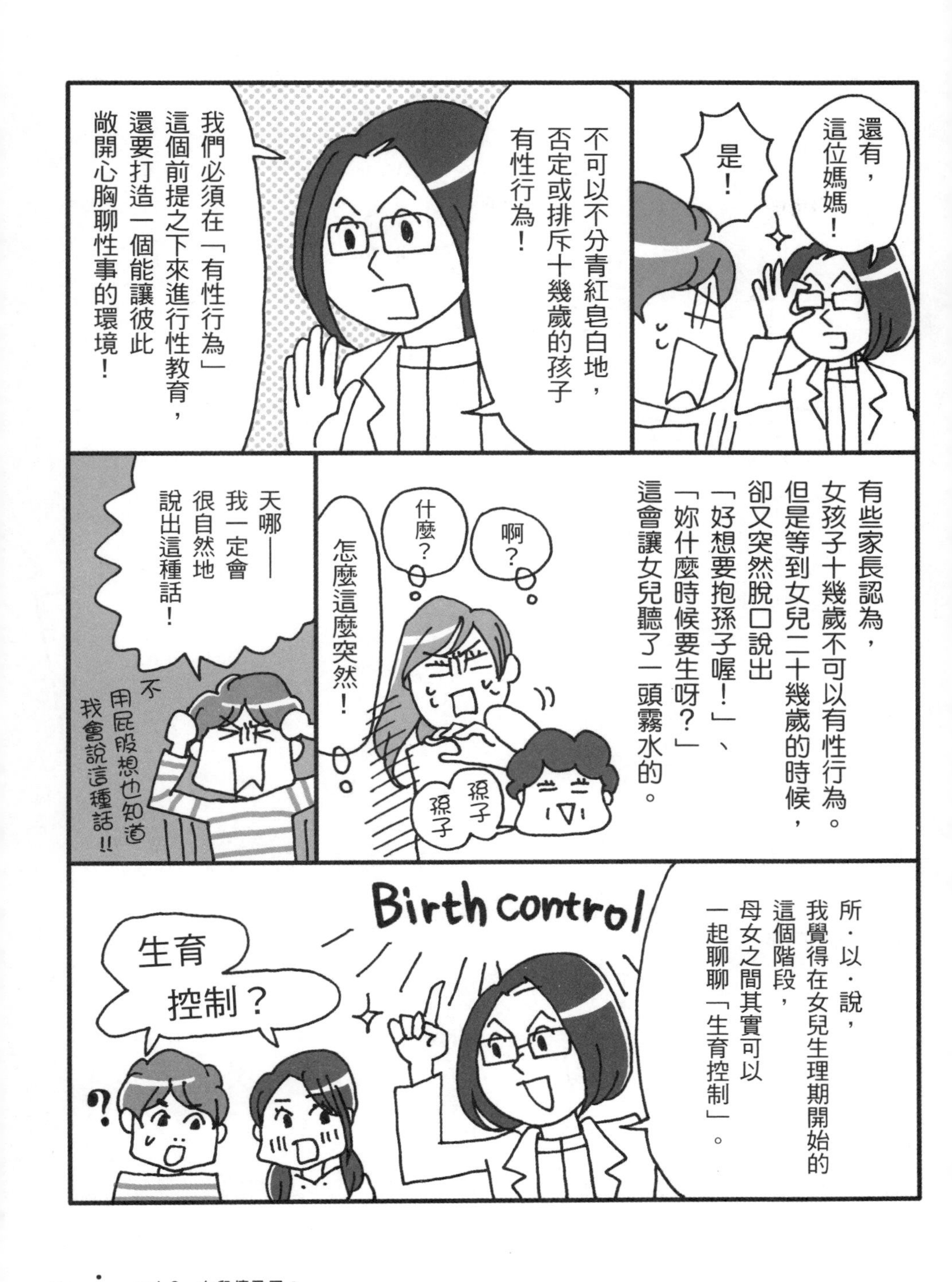
還有，這位媽媽！
是！
不可以不分青紅皂白地，否定或排斥十幾歲的孩子有性行為！
我們必須在「有性行為」這個前提之下來進行性教育，還要打造一個能讓彼此敞開心胸聊性事的環境！
有些家長認為，女孩子十幾歲不可以有性行為。但是等到女兒二十幾歲的時候，卻又突然脫口說出「好想要抱孫子喔！」、「妳什麼時候要生呀？」這會讓女兒聽了一頭霧水的。
啊？
什麼？
怎麼這麼突然！
孫子孫子
天哪——我一定會很自然地說出這種話！
不用屁股想也知道我會說這種話!!
所·以·說，我覺得在女兒生理期開始的這個階段，母女之間其實可以一起聊聊「生育控制」。
Birth control
生育控制？

來源：國際協力 NGO JOICFP HP（http://www.joicfp.or.jp/jpn/project/advocacy/rh/）

可是……
我才高中，
說什麼工作、結婚、生產
……都還太早，
根本就無法想像……
其實也不用很具體，
只是稍微想一下：
「我以後想要這樣的生活」、
「想要幾歲生孩子」。
既然沒有打算
跟這個人結婚，
那就要好好
避孕……
耶──!!
這樣想是不是就
比較有彈性呢？
的確……
說的也是
……
嗚嗚嗚
我還不想要
生小孩……
啊
想起來
了!!
醫師!!
我們家的孩子
懷孕了…嗎!!?
驗孕結果
是陰性，
我是覺得
應該沒事……
還是幫妳
看一下吧？
順便告訴大家初診的流程大致是這樣
※各醫療機關有所不同
①問診
↓
②驗尿
↓
③觸診與內診
↓
④超音波檢查

※日本機構：慈惠病院「送子鳥的搖籃」

這是一個讓孩子這輩子
能在一個穩定的家庭中，
受到特定的大人用愛環抱成長
而制定的公家制度。
要是生母因為本身情況，
而無法扶養的話，
孩子就會交給養母，
而且孩子與養母還可以根據
家庭法院的判決，
在戶籍上成為實質上的親子。
還有，
要不要人工流產
本人有權決定。
父母以及旁人，
妳還在唸書不是嗎!?
生下來幹嘛!?
哇
哇
其實是無權決定的。
因為要尊重本人的意思。
總歸一句話，
妳女兒已經到了就算懷孕
也不足為奇的年紀了！
所以我們要以此為前提，
從平常就和孩子奠定好
可以一起商量事情的關係，
這點很重要。
今天你們母女一起來，
其實是一件好事喔!!
對了，春菜這次生理
晚來的原因，
是減肥過度造成的。
我會乖乖吃飯的。

3 「我們家孩子還小」不過是家長的幻想

「我們家孩子還小，怎麼可能會有性行為呢？」心裡頭雖然對自己這麼說，但卻有報告指出高中生當中，約有14％的男學生與20％的女學生有性經驗（日本性教育協會／編，《「年輕人的性」白書　第8回青少年性行動全國調查報告》，小學館，2019）。

身為家長要記住一點，那就是千萬不要在這個時期讓孩子對性有一種不必要的禁忌感，甚至讓他們覺得這是一種可恥的行為。性衝動在青春期這段期間萌芽是很正常的，更何況性在情侶之間是一種愛的表現，也是一種完美的溝通方式。

此外，要到幾歲才能夠有性行為其實也沒有一個規定。想做的人就去做，不想做的人不要做。但不管是男生還是女生，若是對懷孕這件事無法負責的話，家長其實可以叮嚀孩子一定要做好避孕措施。

正確的避孕方法是什麼？但這並不保證能完全避孕！

大家先看看左頁這張表中列出的避孕失敗率。就連保險套這個主流的避孕方法在正確使用之下，100人中還是會有2個人懷孕……。所以說，世上是沒有完美無缺的避孕方法的！儘管如此，我們還是得知道要怎麼避孕才能夠降低意外懷孕的風險。

○保險套

以乳膠為材質、富有彈性的保險套能夠阻擋精液流入陰道內。不過這種避孕方式需要男性配合，因此女性往往會交給對方處理。不過女孩子也該學會怎麼戴保險套。

使用方法／套在陰莖上之後再使用（穿戴方式請參照卷末的性教育卡片⑩）

價格／1個30日圓左右。可隨時在藥局、超市或便利商店購買。

優點／可預防性病至某種程度。

缺點／使用方法若不正確，通常會無法成功避孕，例如「沒有一開始就戴，只有最後要射精時才戴」、「還沒勃起就戴上去，結果不是脫落就是沒有戴正」、「保險套因殘留在前端的空氣而破損，或者是被指甲劃破，結果導致精液外漏」、「射精之後保險套還繼續戴著」。不過有時則是因為保險套品質不佳。萬一破損的話，要立刻服用緊急避孕藥。

○緊急避孕藥

又稱為事後丸，是一種以黃體素為主要成分、利用荷爾蒙來避孕的服用藥。

使用方法／性交後需於72小時內服用。現在必須經過婦產科醫師看診，並視情況接受內診或超音波診察，確定沒有問題之後才會開藥。

價格／依診所規定。每次約數千日圓～2萬日圓。

優點／正確服用的話避孕的成功機率約8～9成。

缺點／頂多用來應急。千萬不要緊張到半夜去掛急診，要在醫師的看診時間接受診察。

各種避孕方法一年的失敗率
（每100位女性一年內的懷孕機率）

避孕方法	理想的使用方式	一般的使用方式
無避孕	85%	85%
男性用保險套	2%	15%
低劑量避孕藥	0.3%	8% ＊1
安全期法（荻野式避孕法・基礎體溫法等）	1～9%	25%
IUD、IUS	0.1～0.6%	0.1～0.8%

所謂「理想的使用方式」，指的是嚴格遵守推薦的避孕方式

*1 包含忘記服藥的失敗率

來源：Trussell J. Contraceptive efficacy. In Hatcher RA, Trussell J, Stewart F, Nelson A, Cates W, Guest F, Kowal D. Contraceptive Technology: Eighteenth Revised Edition. New York Ardent Media, 2004.

○低劑量避孕藥

服用添加少量女性荷爾蒙的藥物以停止排卵的避孕方式。

使用方法／一日一錠，每天服用的時間要固定。關於優缺點等細節請參照60頁的「關於避孕藥」。

○IUD、IUS

又稱為子宮內避孕器，是一種用聚乙烯（PE）製成的避孕醫療器材，能夠阻擋受精卵著床。子宮內投藥系統（IUS）則是搭配藥物使用的子宮環（IUD）。

使用方法／需由婦產科醫師置入子宮內。

價格／因種類而異，每次約3萬日圓。有月經困難症等症狀者適用保險，價格約1萬日圓。

優點／避孕效果佳，安裝妥當的話功效可維持5年。

缺點／避孕率雖高，但需展開子宮口，因此適合有生產經驗的人，但不建議孩子安裝。

○安全期法

又稱為荻野式避孕法，也就是根據基礎體溫來預測排卵日，避開危險日以便從事性行為的避孕方法。不過失敗率高，不能算是避孕法。

使用方法／女性每日用基礎體溫計測量體溫。

優點／有助於健康管理。

缺點／「排卵日是下次來潮日的前12~16天」這句話原本就不夠確實。尤其是經期不是非常穩定的人一定要記住自己隨時都有可能懷孕的。

○（番外篇）體外射精

只有射精的那一瞬間將陰莖抽出陰道的方法，但不能算是避孕法，因為在射精之前，勃起的陰莖所分泌的透明體液（前列腺液）也會帶有精子，只要時間點不對，就算只是一瞬間，也是會懷孕的。

難道我們家女兒懷孕了!?
不可不知的人工流產

日本18歲以下的孩子生產　墮胎的人數為17528人（2014年）。不僅如此，十幾歲出頭就懷孕的孩子有87%會選擇把孩子拿掉，就算是15~19歲的孩子，也有61%會這麼做，人數超過半數，可見墮胎並不是他人事。

孩子若是跟你說「我好像懷孕了」，第一個要做的，就是先買市面上的驗孕棒確認。如果是陽性，那就立刻上婦產科看診。結果雖然是陰性，但還是會擔心的話，那就從最後一次的性交日開始算，過三週後再驗一次孕。

婦產科會先診斷孩子有沒有懷孕、流產、子宮外孕等異常徵兆，要不要生之後再來決定。

要是懷孕的話，過了22週（6個月）就不能進行人工流產了，因為日本有條法律稱為《母體保護法》，目的就是為了保護母體生命與健康。「懷孕週數」這個懷孕進展的參考標準，是以最後一次來潮的第一天為第零週，所以下次生理若是超過兩週沒來的話，就代表自己有可能已經懷孕6週了。建議及早檢查，也是這個理由。

另外，日本的流產手術只能在母體保護法的指定醫院進行。如果是在11週以前進行流產手術的話，對身體比較不會造成負擔，也不需要開立死產證明書，費用約10～20萬日圓左右（住院的話則需負擔住院費用）。另一方面，懷孕若是超過12週的話，此時胎盤已經形成，加上胎兒已經長大，動手術的話會比較麻煩，因此約需30萬日圓＋住院費用。因此住院一週的話，費用總計會高達30～50萬日圓，相當昂貴，所以及早處理是正確的。

關於墮胎這件事，有人會因為「沒有辦法再懷孕！」、「要尊重生命！」、「拿掉孩子會傷心」而反對，所以有些家長或大人會硬逼孩子把寶寶生下來。遇到這種情況時，其實也可以考慮「特別養子緣組」這個制度。但無論結果如何，要不要把寶寶拿掉，最後的決定權其實是掌握在孩子手上的。

性交、避孕、墮胎……想要保護身體，避開風險，平常在家裡營造一個容易傾訴心聲的環境就顯得非常重要了。尤其是當女兒在初潮階段，不妨和她們談談「生育控制」，也就是自己決定將來要不要有孩子。對於工作、結婚與生產就算沒有具體的概念，家長也可以藉由自身的經驗與故事，試著與孩子聊一聊「想要過什麼樣的生活」。關於性教育，說不定可以從這個地方開始著手推行。

vol.4 關於避孕藥

嗯——
※藥局
ドラッグストア
這裡沒有喔——
那邊架上也沒有耶——
妳們在找什麼呀？
哇！
宋醫師!!
之前妳有提過避孕藥的事，想說買來試試看……但是沒找到。
欸欸欸、藥局沒有賣避孕藥啦。
欸？
那要到哪裡買!? 難不成是黑市!?
這種藥要有醫師的處方箋才能買喔。

看來妳們對於避孕藥還不是很了解……
對不起一個人限購買一袋……
晚點再告訴妳們細節，現在先到我們診所吧……
好！麻煩了！
所謂避孕藥，
SONG LADIES
クリニック
※診所
其實就是添加女性荷爾蒙的藥物，並以內服的方式控制卵巢分泌荷爾蒙及排卵。
避孕藥
控制
服用避孕藥這段期間會停止排卵，生理期也不會來，當然就不會懷孕了。
避孕藥
控制
原來是這樣呀。所以生理期也可以控制呀～
那麼停止服用的話，就會開始排卵了是吧？

需要吃避孕藥的話，那就到住家附近的婦產科去！
醫師問診時，只需了解妳的經期、經血量，以及有沒有宿疾就可以了。
初診時，通常會先開一個月份的藥量。沒有問題的話，接下來就會一次開立三個月的藥。
每間診所的規定各有不同，如果保險不適用的話，1個月份的藥，大約要3千日圓。
「飽受經痛之苦」或者是有「月經困難症」等症狀的話，保險也適用喔。
網路上那些低價銷售的避孕藥，有的是假藥，所以一定要請醫院開立處方箋才行。
DANGER
只有問診呀……那就是沒有內診跟抽血檢查囉——
如果是這樣的話我們家女兒看診的時候就不會緊張了——。
下次再帶她來。

可是，醫師!! 我怎麼聽人家說避孕藥有副作用呢!?
差不多20年前，除了「中劑量避孕藥」，市面上也開始推出「低劑量避孕藥」，內含藥物的分量變少了，所以副作用也大幅減輕了喔。
妳說副作用……會有什麼樣的症狀呢？
以前的話，會出現發胖、經血過多的問題。即便是今日，還是會有靜脈血栓這個副作用。
靜脈血栓!? 還有這種副作用呀？
雖然變胖也很可怕……
那是什麼呀……
這種症狀又稱為「經濟艙症候群」。也就是血管中的血液凝成血栓，一旦擴散至肺動脈，就會導致血管阻塞，甚至陷入虛脫。
雙腳長時間沒有活動的話，血液就會滯流形成血栓。
咿咿咿！
血液凝固
※靜止不動

雖然機率很低，但是每年每一萬人當中，就有6至9個人會出現這種情況。
不僅如此，靜脈血栓在懷孕期間以及生產後出現的機率非常高。資料顯示，處於孕期中的人，每年每一萬人當中就有5～20人會得到靜脈血栓，而產後12週更是多達40～65人。
看來正在懷孕、以及生完孩子的人，得到靜脈血栓的風險不低耶……
只要多攝取水分、多動動手腳，儘量不要讓自己脫水，那就沒有問題了。
萬一其中一隻腳異常腫脹，腳或胸部出現疼痛等症狀的話，那就要立刻就醫。
只要告知醫師妳正在服用避孕藥，看診時醫師就會留意是不是靜脈血栓。
雖然話是這麼說，但與這些風險相比好處還是勝出許多～

有這麼多喔！服用避孕藥的好處
避孕成功率92%！
※服用方法正確的話99%以上
舒緩經痛
有的人甚至可以舒緩PMS（經前症候群）所帶來的不適
PMS的主要症狀
★胸部腫脹
★皮膚變差，開始長痘痘
★慵懶無力★頭疼
★便祕★想睡
★肩膀痠痛★焦慮不安
★情緒憂鬱
★無望感
提高骨質密度
能夠抑制卵巢癌、大腸癌、子宮內膜異位症、及子宮內膜癌發病
有活力！
飽受痛苦的人可以試看看喔！

優…優點確實不少!!
而且還能降低罹患婦科疾病的風險耶……
不僅如此，皮膚還會變得晶瑩剔透呢！
我要給我們家飽受經痛之苦的女兒吃～!!
也不用擔心她會懷孕了！
因為有了前車之鑑！
我覺得可以喔。
可是醫師，女兒還是學生的時候，雖然讓她吃避孕藥，
但本人要是到了想要有孩子的年紀時，該怎麼辦呢？
只要停止服用，身體就能馬上回到可以懷孕的狀態了嗎？
長久服用避孕藥會不會導致不易懷孕呀……？
啊哈哈哈
當然不會!!

停止服用避孕藥，只要經過3個月，身體就會恢復正常。
別說是不易懷孕了，
子宮與輸卵管在沒有排卵與生理期的這段期間，因為充分得到休息，停藥之後反而可以提高懷孕率呢！
是嗎──
婦科疾病就不用說了……
可是排卵與生理也會對身體造成負擔呀。
沒錯！
那我也吃個避孕藥停止排卵好了……
反正生理來也沒好事……
說的也是──
啊
等一下!!醫師!!
靠避孕藥停經的話，會不會出現更年期障礙之類的症狀呢!?不會嗎!?
閉經的話，不會出現不適症狀嗎？
冷靜冷靜，
「因為避孕藥而停經」、與因為年紀增長而出現的「閉經」，完全是兩回事。

有時服用「避孕藥」，是為了舒緩更年期的不適症狀。
雖說是避孕藥，但是療效多多喔～
更年期障礙是卵巢在年齡增長的情況之下功能衰落，導致分泌的女性荷爾蒙急遽減少、並且失調的症狀。
但是只要利用避孕藥來調整荷爾蒙的話，就可以改善這些不適症狀。
※通常會使用口服式的荷爾蒙補充療法
荷爾蒙～
說來說去，我可能要準備在這邊麻煩醫師幫我開避孕藥的處方箋了。
46歲
要是感到不適的話，隨時歡迎到診所來找我喔。
對了避孕藥是一天一粒，對不對？吃藥時間有規定嗎？
早、中、晚？
吃藥的時間只要每天固定，什麼時候吃都可以喔。
但最好是配合自己的生活節奏決定好吃藥的時間，這樣才不會忘記吃藥。

如果能夠利用手機設定鬧鐘的話會更安心喔！
還有避孕藥專用的APP呢！
每天9:00
開始吃避孕藥的日子是生理期的第一天。這個催促生理的荷爾蒙大幅減少的日子，是最佳時機。
來了！
那今天開始吃藥吧！
只要記得吃藥，從第一天開始避孕藥就能發揮效果。
8
21天份的藥，雖然中間會有7天的空檔時間，但並不會影響避孕效果。
第一份藥
←空7天→
第8天以後
第二份藥
←空7天→
從第一粒開始
這段期間會有輕微的生理期。
這有辦法好好管理嗎——
不安
我應該也會忘記吃藥……
忘記吃的話該怎麼辦呢？
忘記吃藥的處理方式，下一頁會提到喔！

要是不小心忘記吃避孕藥的話……

	一天忘記吃藥（最後吃藥時間的48小時內補吃）	兩天忘記吃藥（最後吃藥時間的72小時內補吃）	忘記吃藥的時間超過三天			
			在第一週忘記吃藥	在第二週忘記吃藥	在第三週忘記吃藥	在第四週忘記吃藥
避孕效果	不需緊急避孕	不需緊急避孕	需緊急避孕	不需緊急避孕		
發現之後……	先補吃一粒	先補吃一粒	先補吃一粒	先補吃一粒	等待平常的吃藥時間	丟掉忘記吃的藥
平時的吃藥時間	再吃一粒	再吃一粒	再吃一粒	再吃一粒	先補吃一粒	今天的藥按時吃
隔天開始	按時吃藥	按時吃藥	按時吃藥	按時吃藥	按時吃到第21天但是不停藥接著吃下一份避孕藥	按時吃藥
補吃之後的避孕效果	當日起OK！	當日起OK！	補吃之後需連續服用7天才會生效（第8天起就OK！）		下一份避孕藥的第一天服用當日起就OK！	當日起就OK！

開始服藥之後，身體需要2～3週的時間才會適應。這段時間有時會出現噁心、慵懶無力或頭疼等症狀。
真的不舒服的話，就到住家附近的婦產科請醫師看看！
避孕藥的種類形形色色，有的服用過後，會出現和生理期一樣的出血狀況。
這一整天用「日用型」的就夠了。
雖然每隔28天就會來潮，但是量卻變少、天數也變短了。
另外也有減少月經來潮頻率，例如兩個月一次、或三個月一次的避孕藥。
4月
7月
10月
1月
對了，我曾聽人家說吃避孕藥會長不高……
其實這種情況和初潮來時會分泌避孕藥裡所含的雌激素是一樣的。在意的話，那就等不會長高之後再吃吧。
今後不想再生孩子也不想有生理的人，也可以選擇安裝「蜜蕊娜®」這個子宮環。
大家可以到婦產科與醫師商量哦。

避孕藥是女性的友軍
要善加利用喔

4

避孕藥的正式名稱為「口服荷爾蒙避孕藥」，是一種透過化學方式將刺激月經與懷孕的黃體素及雌激素合成為藥物、以模擬人體懷孕的狀態進而停止排卵的口服藥。避孕藥大致可以分為連續21天服用荷爾蒙藥劑之後休息7天的21粒裝，以及休息的這7天服用偽藥（安慰劑，Placebo）的28粒裝。或許是「避孕藥」這個名字的影響，有的人會對其抱持偏見，覺得吃避孕藥的人「性行為相當頻繁」。但是避孕藥最大的優點，其實是控制生理期。

避孕效果No.1的避孕藥

沒有服用避孕藥的這段期間女性的身體會停止排卵，所以不會有生理期，也不會懷孕，避孕效果極佳，在歐美更是數一數二的主要避孕手段，只要服用方法正確，失敗率就會降到0.1%。

避孕藥能「讓女性依照自己的意願與責任主動避孕」的優點，我希望家裡有女兒的父母都能夠牢記在心。

避孕藥不僅避孕效果出色，在生理期這方面還有舒緩PMS，例如經痛、來潮前的焦慮、頭疼以及肩膀痠痛等不適症狀的優點。另外，在沒有排卵或生理期的這段期間，避孕藥還可以讓子宮與輸卵管在沒有負擔的狀況之下休息，一旦身體因為停藥而開始排卵，就會變得非常容易受孕。

WHO雖然認可女性只要初潮到來就可以開始服用避孕藥，但是超過50歲的人則不建議這麼做，就算40歲以上的人，也不建議把避孕藥當作第一選項。不僅是在手術前後、有嚴重高血壓、血管問題的糖尿病、腎臟疾病以及肥胖的人絕對不可以服用避孕藥。就連月經還沒來的人也不能服用。

申請處方箋的過程

（以宋醫師的診所為例）

在服用避孕藥之前，需依照下列流程接受醫師指導才能配藥。平均每個月約需一千至三千日圓左右，當中包含了保健指導費、檢查費與醫藥費。

❶向診所預約。

❷掛號。在病歷卡上寫下姓名、年齡、生理期與有無性交經驗等基本資料。

❸到看診室接受問診。

醫師會詢問生理週期、經血量與偏頭疼等相關問題，並且說明與避孕藥有關的資訊。若有需要檢查子宮內膜異位症的話則需內診。

❹開立1個月份（21粒或28粒）的避孕藥。

❺通常會從生理來的第一天開始服用（有的是從生理過後的第一個禮拜天開始服用的Sunday pill）

❻每天必須在固定的時間服用。忘記吃藥的話，可參考P.70的圖表重新服用，但是千萬不要停藥。

❼開始服用避孕藥之後隔兩週要回診。前兩週有時會突然出血或者是噁心想吐等不適症狀，若是擔心，可趁這個機會請教醫師。

❽沒有問題的話可順便領取下一次的避孕藥。

❾之後每3個或6個週期服用完畢之後，再上診所看診。

宋醫師
想要告訴女兒的
一件事①

有了性行為「真的會」「不小心」懷孕喔！

基本上我認為「讓孩子擁有正確的知識才是保護她們」，所以我不會把性當作是一個禁忌的話題，而是光明正大地告訴女兒，並且要求她要是遇到什麼事情，一定要先跟我說。只是我女兒還是小學的低年級生，再加上現實生活、動漫與漫畫若是提到性，往往會把它納入「開玩笑」的範疇當中，所以每次遇到這種情況，我都會告訴我女兒「這個一點都不好笑」。

當女兒開始有生理期，身體已經成長到可以懷孕時，我希望大家第一個要好好教的，就是「真的會懷孕喔」這件事。年輕的孩子往往會無憑無據地覺得「自己應該不會懷孕吧」，但是只要稍不留意，就有可能會懷孕。萬一孩子真的有了寶寶，還是會有辦法解決的，千萬不要覺得「這輩子已經完蛋了」。不過我還是希望家長能夠幫孩子培養出可以自己選擇方法以防意外懷孕的能力。

第2章

要成為一個危急時刻能夠依靠的家長

性暴力・性病

vol.5 性暴力是犯罪行為

叮咚——
鈴木家
妳好——
玲奈阿姨好久不見——
小舞
小舞(國二)是姊姊的大女兒。玲奈的外甥女
姊姊
哇——是小舞耶——
進來吧——
很難得耶!這個時間通常不是有社團活動嗎?
因為啊——
小舞等等一起玩撲克牌喔——
我們學校的排球部教室引起了偷拍騷動……
在找到犯人之前,所有社團與活動全部都要暫停——
什麼!?
我們身旁!?竟然有這種事!?
可惡……
不能原諒!!

山田家
突然想到
妳最近怎麼很少跟艾瑪玩呀？
明明以前很常來我們家玩的說……
我覺得啊——，自從艾瑪跟大學生交往之後，就越來越難找她出去玩了……
她的男朋友好像管滿嚴的——
對不起今天也不行…因為他……
真好——我也好想有人管我喔。
不不不。
茶
想之前她臉上出現瘀血…可是本人卻說是因為「跌倒」……
妳覺得可以不管她嗎？
欸!!
這個不是約會暴力嗎!?
約會暴力？
茶

交往的兩個人之間所發生的暴力行為，雖說是「暴力」，卻未必侷限在肉體上，精神上的、經濟上的、還有性這方面的通通都包含在內。
慢死了，妳這個醜八怪!!
對不起……
不行……搞不好是真的!!
媽媽，我該怎麼辦!?
嗯——
這種情況絕非事不關己，身為家長的我們該如何處理呢？
……就是這麼一回事！醫師!!
太近了太近了
性侵害犯罪的消息確實天天都會看到，當家長的當然會擔心。
何況我也是兩個孩子的媽，根本就擔心不完!!

這20年來強暴、強制猥褻的犯罪件數幾乎是持平。
沒有減少呀~
就算是男孩子也不能疏忽大意的……
而男性被害者當中，更是以未滿13歲的居多。
太過分了……
加上這個網路社會，特有的犯罪行為也變多了。
像SNS之類的交友網站，有的會引發性侵害犯罪。
有的是屬於「色情報復」。
「色情報復」……
我聽過。
也就是因為被前任配偶或前任交往對象拒絕的當事人為了報復，因而擅自把對方全身赤裸的照片以及影片公開在網路上的行為。
活該!!
要是沒有想清楚的話真的會想說「就只給他看……」而輕易把這種照片寄給對方。
兩人關係好的時候就會不小心……

一旦在網路上流傳開來，
最後那些投稿的內容
就會一直留下來，
刪也刪不完。
永遠在網海裡漂浮的。
太可怕了——!!
所以像這樣危險的事
我們也要好好
告訴孩子才行！
一旦公開
就會完蛋的資料
絕對不可以交給別人!!
另外還有
「空投癡漢」。
走在路上
震動
Air Drop
這什麼呀!?
禁
拒絕
接受
咦……怎麼會
突然有陌生人
寄照片
到自己的手機裡呢
……？
等等……
這到底是怎麼一回事？
是我落伍了嗎!!

Air Drop（隔空投送）原本是iPhone的一種能與鄰近友人簡單共享照片等資訊的功能。
今天的照片給我——
OK——！那我用Air Drop丟給妳喔——♡
吁
吁
照片
影片
URL
筆記
etc
有些設定，會不小心接收到附近陌生人亂槍打鳥丟來的照片。
天哪——
嘿嘿嘿
被別人這麼用，史蒂夫．賈伯斯會躲在草叢裡偷哭的喔!!
精神變態的人……
創造力好強喔……
我們小時候沒有網路，所以性侵害犯罪根本就是超乎想像……
提到網路，
已經追不上了……
令我驚訝的是，我們家孩子玩線上遊戲時，竟然是跟素未謀面的陌生人一起玩……
那裡，快去!!
他是在跟誰說話呀？

孩子應該只是單純把對方當作網路上的「玩伴」而已吧……可是對方是基於什麼樣的心態靠近孩子，那就不得而知了……
話雖如此，我們也不能完全禁止孩子玩手機或遊戲呀……
更不可能一天到晚都站在旁邊盯。真的沒有辦法了嗎……
站在數位原住民前束手無策的上一代!!
儘管如此，身為家長的我們還是有計可施的啦!
只要是做得到的我們什麼都做喔!!
首先是「篩選模式」，也就是根據一定的標準來評價及判斷網路上的內容，並加以選擇過濾的功能。
有害的網站
BLOCK!
不適合孩子的APP
不過每台電腦的篩選方式各有不同，所以要查查看!

再來就是和孩子商量在家上網的規定！
閱覽的網站、與下載的APP，都要經過家長確認。
可以下載這個嗎？
不要輸入個人資料。
照片背景也會被人鎖定地點!!
讚！
不與陌生人往來。
你好～
身穿貼身衣物或裸身時不拍照，也不寄給別人看。
只給你看喔——♡
規定上網時間。
20:00以後不可上網!!
要是出事，一定要跟家長說。
諸如此類

另外，不遵守規則時的懲罰也要順便規定！
不遵守規則的話，禁玩手機一個禮拜！
之類的
了解！
癡漢與強暴之類的性侵害犯罪日本在2017年曾經修法，直接納入不需提出訴訟就能問罪的「非告訴乃論罪」。
告訴
可惜的是，那些性侵害犯罪的受害者根本就找不到人可以商量，很多人都是獨自抱頭痛哭。所以親子之間締造一段容易開口傾訴的關係是很重要的！
可是，萬一我們家孩子成了被害者，身為家長的我們該如何是好呢……
首先，第一個萬不可行的就是「責備」孩子。
像是「妳自己是不是也有問題？」、或者「誰叫妳穿成那個樣子的」不然就是「妳為什麼不反抗？」等等……

不然就是
把這場意外矮化。
像是「幸好這條命
保下來了」或者是
「不開心的事就把它忘了吧」。
斷定被害者心情的話
也不能說。
像是
「時間會解決一切的」、
「要堅強」或者是
「妳的痛苦我懂」……
NG
NG
明明是要安慰對方的，
但是這樣似乎
反而更傷對方的心。
可是這種話
總是會
不經意地
說出口……
真的要注意……
我們只要安靜地豎耳聆聽
千萬不要否定、懷疑、
甚至硬逼孩子說出來！
不需
怪罪自己。
妳沒有錯
也沒有責任。
不斷地、不斷地
對孩子這麼說。

其他能做的，
就是給孩子一個
確保安全、安心的地方。

好奇的眼光

不過家長
本身的打擊
應該也不小，
因此找一個
適當的窗口，
商量對策
也很重要。

大家可以
聯絡這裡
看看！

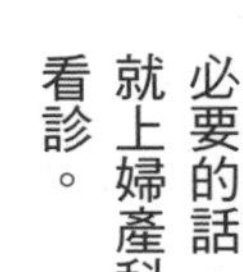

☆婦幼保護專線
「133」

☆家庭暴力暨性侵害防治中心一覽表
https://www.mohw.gov.tw/cp-4557-49525-1.html

＊香港附註：香港家庭計劃指導會（電話：2575-4477, 網址：http://www.famplan.org.hk）

必要的話，
就上婦產科
看診。

之前提過
事後只要在72小時內
服用緊急避孕藥的話，
避孕的機率就可以
達到8～9成。

雖然
不願想到
這種事……

但為了以防萬一，
這些知識還是要好好
牢記在心才行，是吧？

還有，要去警察局
或到醫院的時候，
身體儘量不要洗。
要忍！
雖然會覺得很噁心!!
但是遇害時
穿的衣服與內衣褲
都要帶去，不可清洗。
遇害前吃喝剩下的食物
還有用過的餐具
也都要帶去，不可以洗。
因為這裡頭
說不定可以
驗出藥物！
迷姦水是吧？
啊啊，夠了……
越聽越覺得危險!!
我也是……
就算我女兒唸到
國中甚至高中
我也不想讓她
搭電車通學了……
下課時間較晚的補習班
實在是太令人擔心了！
以前我連
騎腳踏車
的時候
都會遇到
癡漢呢!?
從旁經過的時候
碰我的胸部

以前跟我老公說，
從前的我常遇到癡漢……
他的反應卻是，
又來了，又來了～
——!!
男人對於女性平時會遭遇到什麼樣的犯罪行為，其實是不明白的。
啊？老子我絕對不會這麼做的!!
妳不要一竿子打翻一船人!!
氣
我們家老公也是，把女兒交給他顧，結果人在外面的時候，他竟讓孩子自己去上廁所！
危機感根本就是零!!
我懂！他們連「危險」這個念頭都沒有!!
我們還要記住，就算是男孩子也是會遭到性侵的。
為了打造一個可以守護孩子、儘量減少性侵害犯罪被害者的社會，男女對於性的認知勢必要改變才行！
不管是為了不傷害別人，還是為了守護身旁的某個人，從小就開始進行性教育是很重要的。
所以不管是女兒還是兒子，都要好好教他們性教育才行……！

5 別以為性暴力事不關己

強暴、強制猥褻、對孩子性虐待、家暴、癡漢及偷拍等「未經同意」、「非對等性」、「強迫性」等與性有關的行為全都屬於性暴力。

2017年在輿論高漲之下，日本大幅修正了性侵害犯罪相關的刑法規則，距離上次修法，已隔110年。此次修法的重點為下列兩點：①被害者只限女性的強姦罪修改為不問被害者性別的強制性交罪。凡是利用施暴或脅迫等手段對13歲以上的人進行性行為，或者是強迫未滿13歲的孩童進行性行為的話，均屬犯罪。②性侵害犯罪改為非告訴乃論罪。修法之前，大多數的性侵害犯若沒有被害者提出告訴，加害者就不會被起訴。但修法之後，就算被害者沒有提出告訴，照樣可以起訴加害者。

對於性侵害犯罪的罰則雖然日趨嚴厲，卻尚未能夠讓人完全安心。更何況絕大多數的性暴力往往難以讓人啟齒。有份調查報告結果顯示，整體受害者當中有三分之二的人從未將自己的遭遇告訴任何人。如此情況讓人深深覺得與孩子奠定一個有事就要說出口的關係勢在必行。

迴避、警戒、告知 在自己能力範圍內的癡漢對策

提到性侵害犯罪，第一個聯想到的就是癡漢。可惜的是到目前為止，我們對於這種行為尚未

有萬全的對策。而較為常見的有警視廳發行的電車自我防衛對策，例如「避開人潮擁擠的車廂、不站在無處可逃的地方」、「隨時對周遭人事保持警戒」、「調整通勤與通學時間」等等。

以日本為例，在這種情況之下民眾可以善用警視廳提供的犯罪預防免費APP「Digi Police」。這裡頭除了只要一點擊就會發出警告聲的防犯警鈴，以及擊退癡漢的警鈴，還有在手機畫面顯示「我遇到癡漢了，救救我」等文字，以便向旁人求救的功能。

除了自己的孩子，我們還要提高警覺，好讓所有的孩子免於受害。

秉持性自主權
來思考約會暴力對策

約會暴力是發生在情侶之間的暴力行為。除了肉體上，這種行為還包括心理上與社會上的暴力。

＜精神上的暴力＞大聲怒吼／口出惡言傷人／故意漠視／監視・限制行為與交友關係／檢查手機或電子郵件／不聽話就威脅要「分手」，叫對方「去死」

＜肉體上的暴力＞揍、打、踢／砸東西

＜經濟上的暴力＞約會費用一毛不出／借錢不還

＜性方面的暴力＞強迫進行性行為／不協助避孕／違反意願，強拍裸照

有份調查結果指出，在十幾二十歲時有交往對象的人當中，平均每7人就有1人曾經遭到對方暴力相向。不僅如此，據說當時絕大多數的被害者都認為這樣的行為是因為「對方愛他」，不覺得這是一種暴力行為。

因此，不管是男孩子還是女孩子，我們都要讓他們知道得到「同意」的重要性，不要讓自己變成加害者或被害者，同時還要好好教導他們拒絕與被拒絕的技巧。另外要注意的是，當孩子想有一個屬於自己的空間時，要留意別讓他「真的落單！」

column
告訴我!!
專家

與網路脫離不了關係的性暴力

最近常與兒童性犯罪一起出現在新聞裡的，就是SNS之類的社群網路服務。故在「網路上的性資訊」這個專欄之後，我們要繼續請聚逸株式會社的小木曾健先生來與大家談談保護孩子的一些非知不可的資訊。

那些交友APP與聯誼APP之類的新交友工具出現之後，往往讓人擔心孩子會不會捲入犯罪之中。

answer

那些與孩子有關的案件其實不是交友APP或聯誼APP造成的。這類案件通常發生在推特（Twitter）或用來打發時間的網路聊天等，在類別上屬於「一般社群網路服務」的APP之中，因此家長勢必要掌握孩子使用這些APP、SNS、聊天室的情況，這點很重要。而在Apple或Google提供的功能當中，其實是可以設定使用情況的。大家可上網輸入「螢幕使用時間」（iPhone）或「Family Link」（Android）等關鍵字，搜尋設定方式。

然而真正需要注意的，是那些想要認識十幾歲孩子的大人。因此我們一定要好好告訴孩子，與這樣的人見面或者是交換照片的話，有時會因情況連同對方一起成為輔導對象的。

色情報復（Revenge porn）通常會出現在網路的什麼地方呢？

answer

偶爾會出現所謂「被甩洩恨」的案例，不過絕大多數的情況，通常是情侶之間互相交換的「猥褻圖片」，以及男學生為了「炫耀」而上傳至群組裡，結果因為流傳到外部而導致情況一發不可收拾。不管是哪個地區，都會出現事發於國中，結果進入訴訟的案件。不管投稿以及流出的地方是什麼樣的網站，這些照片一旦上傳，過沒多久就會受到關注，進而流傳開來。在這些網頁目錄當中能夠改變關注程度的並不是你投稿到「哪裡」去，而是你投稿了「什麼東西」。

除了自己的裸照，只要拍攝含有猥褻要素在內的照片，就有可能製造出兒童色情照，而且持有這種照片有時還會是一種犯罪行為。最近向別人索求猥褻圖片的這個行為本身在許多自治體當中已經是違反條例了。因此親子之間必須共有這樣的基本知識，而對於要求另一半拍裸照的情人（幾乎都是男性），也要知道對方是否懂得珍惜屬於另一半的自己、是否為一個懂得管理危機的人，或者兩者兼具。

Q

空投癡漢這種使用網路的性暴力
是什麼樣的情況？

answer

把空投癡漢稱為「癡漢」在定義上雖然有點微妙，不過這已經是精神變態者的嶄新手法了。空投癡漢本身很早以前就已經有過案例，有人甚至因為遭到逮捕而成為新聞話題，可見這種情況日益增加是事實。大眾媒體往往會利用網路相關案件來煽動社會，但是會讓我們捲入其中的可能性其實比遇到交通事故還要低。所以當我們在蒐集資訊時，身為家長的我們對於看清危險、要怎麼做才能保護孩子，都要冷靜判斷才行。

vol.6 性病重在預防

我們家女兒美崎升六年級之後初潮終於來了!!
天哪——
千萬不要幫我準備紅豆飯慶祝!!拜託!!
鈴木家長女・美崎(小六)
LITTLE Girl
好啦好啦
我女兒終於進入大人的行列了~
突然想到以前宋醫師曾經說過……
白飯
大家的女兒初潮若是來了,最好帶她上診所。
在還沒有性行為之前先讓她施打HPV疫苗(子宮頸癌疫苗)的話,就能夠預防子宮頸癌了。
子宮頸癌……這是建議施打疫苗的主流癌症嗎?
近年來20~30歲的女性增加的趨勢非常顯著。每年約有1萬人罹患這種病,當中約有3千人因此而病逝。

就算能夠治癒，有時卻必須動手術將子宮切除，
就算沒有做到這種地步，有時也會導致不易懷孕或生產。
為了避免這種情況出現，我會建議大家打疫苗！
……話是這麼說，
但我覺得還早……
可是打子宮頸癌疫苗不會危險嗎？
我好像看過新聞說那個副作用很可怕的……
症狀輕微的話會「發熱」、「注射部位腫脹或疼痛」……!?
嚴重的話會出現「手腳神經障礙」!?「腦神經疾病」!?
天哪!!
欸欸欸，可是這個疫苗如果這麼危險的話，醫師怎麼會建議我們施打呢……？
萬一出現那種可怕的副作用怎麼辦？
不，子宮頸癌應該會比那個可怕……

嗯～
算了
再去問詳細一點吧！
ピョ———ン！
※蹬———！
喔喔！
初潮來了呀！
恭喜！
SONG LADIES
クリニック
那一定要打喔！
HPV疫苗！
就是這個！醫師!!
站起來
我上網一查
竟然查到
可～怕的
副作用!!
我就知道！
列印
妳這麼熱心研究
確實令人感動……。
但是關於HPV疫苗，
其實正確的訊息
卻鮮少傳遞出來——
嗯嗯
會發熱、
打針的地方會腫脹？
我都聽過喔，
這則新聞。
妳打其他預防針的時候
也會出現這些症狀呀～

※轟隆──

有人會因此得了失語症、記憶障礙甚至無法走路──
可是這麼嚴重的例子，每5萬個施打疫苗的人才會出現1個呀。
ピシャーン
這個機率就跟走在路上被雷打到是一樣的！
最近有份研究，針對青春期的女孩子有沒有「接種」這種疫苗進行調查，結果發現出現副作用症狀的人數根本就相差無幾。
有沒有出現問題的機率是一樣的!!
接種
未接種
結論就是這和疫苗是沒有因果關係的。
咦…真的啊……
來源：名古Study
全世界已經慢慢把HPV疫苗視為基本疫苗了，所以我們這些婦產科醫師都會積極讓孩子施打喔。
我們家女兒也是一樣……
啊……
說的也是，我們不可能讓自己的孩子施打危險疫苗的……
啊～～可是一想到萬一孩子因為接種疫苗而出現異狀心裡就……

出現副作用的機率
的確不是0%
但是，
這種情況，
並不是只有
接種HPV疫苗
才會出現的……
呃
我覺得罹患
子宮頸癌的機率
反而比這還要高……
的確，
雖然曾經聽過
周遭親友有人疑似
得了子宮頸癌，
但是……卻沒聽過
有人被雷劈……
呃
資訊內容
寫得越驚悚，
就越容易
讓別人看到。
副作用竟然這麼可怕!?
※轟隆──！
就是因為這樣，
大家才不肯接種疫苗，
這就算了。
罹患癌症的病人
其實真的很多……
那我還是
讓她打好了!!
嗯，
我覺得這是
明智之舉喔！
幾乎所有的子宮頸癌
都是因為感染到
人類乳突病毒所造成的。
人類乳突病毒
HPV
人類乳突病毒……

致癌性的HPV是一種只要有性行為，任何人都會被感染、到處都有的病毒。
咦咦
一般來講，這些病毒是可以靠免疫力自然排除的。
可是我們體內要是感染上這種病毒的話，就有可能罹患子宮頸癌。
原來能夠預防感染這種病毒的是HPV疫苗呀……
所以在有性行為之前，最好能夠先施打這種疫苗是吧？
現在施打的話，一共要打三次。
或許會比一般的預防接種來得辛苦。
還有，就算打了疫苗，卻未必能夠完全預防所有的子宮頸癌。
所以我們一定要定期做抹片檢查！
抹片檢查很重要!!
我還早呢～
20～30幾歲就罹患子宮頸癌的人之所以會增加，就是因為做抹片檢查的人太少了！

連我也是到了40歲以後
才開始定期接受
抹片檢查的……
因為20幾歲
的時候
根本就不會
想要去做檢查呀──
過了20歲以後
最好是每兩年
檢查一次喔！
既然沒有
打疫苗，
那就更需要做
抹片檢查了……
我太粗心了……
順便告訴大家，日本從
2013年4月開始
已經將這種疫苗納入
「定期接種疫苗」之中，
有公費補助，
可以免費施打喔。
不用錢嗎!?
太棒了!!
這代表
政府也建議我們
施打這種疫苗，
是吧！
HPV疫苗
不是只有女生才能打，
男生也可以喔。
男生？
不是沒有
子宮嗎？
男性施打的話
能有效預防
尖性濕疣（俗稱菜花）、
陰莖癌、肛門癌、
鼻咽癌等癌症喔。

我們已經知道
子宮頸癌
是病毒造成的，
不過因為性交而感染的
「STI（性病）」
其實還有好幾種喔。

STI
性病

日本最常見的就是
「披衣菌」與「淋病」。

性病① 披衣菌感染

感染者最多的性病。有調查報告指出高中生每10人就有一人會被感染。

【原因】 女性的子宮頸、男性的尿道及咽喉黏膜（喉嚨的黏膜）因為性行為而感染上微生物中的砂眼衣原體（Chlamydia trachomatis）。

【症狀】 幾乎所有人感染之後都不會有症狀出現。女性的話有時陰道分泌物（白帶）會帶有顏色，或者下腹疼痛。時間一久，就有可能導致不孕。男性通常也是無症狀，但有時會出現較為稀薄的白濁分泌物、搔癢，或者是小便疼痛。

【治療方法】 到婦產科或泌尿科檢查，並且服用2～3週的抗生素。

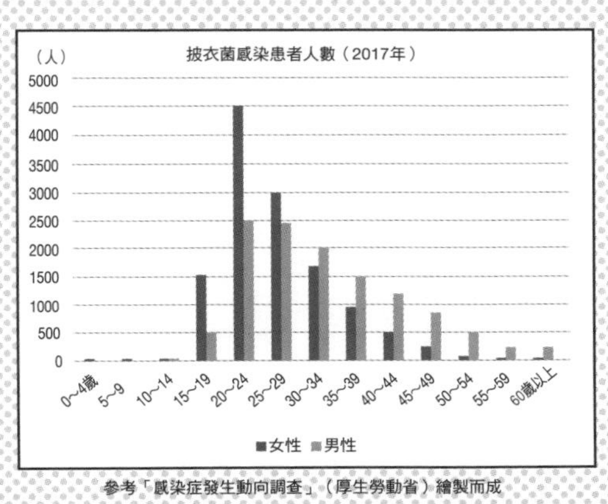

參考「感染症發生動向調查」（厚生勞動省）繪製而成

性病② 淋病

男性比較容易出現症狀，不過最近年輕女性患者的人數也有增加的趨勢。

〔原因〕 女性的子宮頸、男性的尿道及咽喉黏膜（喉嚨的黏膜）因為性行為而感染上細菌中的奈瑟氏淋病雙球菌（Neisseria gonorrhoeae。簡稱淋菌）。

〔症狀〕 通常沒有症狀，不過女性容易引起子宮頸炎，陰道分泌物也會增加。男性的話會引起尿道炎，尿道有膿性分泌物流出。

〔治療方法〕 服用抗菌劑一週。但要注意的是，最近還出現了具有抗藥性的淋菌。

性病③ 陰部疱疹

非常棘手的性病。只要感染上一次，一旦身體的抵抗力轉弱，就會伺機肆虐復發。

〔原因〕 因為性交而導致性器及性器周圍感染上簡單皰疹病毒（Herpes Simplex Virus，HSV）。有時會因為口對口或口對性器的接觸而遭到感染，得到唇皰疹。

〔症狀〕 性器會出現米粒大的水泡，並且伴隨刺痛。絕大多數的人都不會出現症狀，但是只要感染上一次，病毒就會潛伏在神經細胞裡，一旦體力低落，或者是年齡增長，就會提高復發的可能性。

〔治療方法〕 女性到婦產科，男性到泌尿科看診。需口服抗病毒藥物，或使用外用藥膏。

性病④ HIV（愛滋病）

1980年代發現，算是比較新的性病。患者壓倒性以男性居多，然而近年來有性行為的異性以及年輕世代受到感染的人也有增加的趨勢。

〔原因〕 因為性行為、輸血及母乳而感染到HIV（人類免疫缺陷病毒）。

〔症狀〕 經過數年～15年以上的潛伏期之後會開始出現病徵。身體抵抗力會變低，容易得到各種疾病。

性病⑤ 梅毒

這幾年來急速增加的性病。尤其是20幾歲的女性感染人數有增加的趨勢。

【原因】因為性行為使得黏膜與皮膚上的小傷口感染到細菌中的梅毒螺旋體（Treponema pallidum）而引起的傳染病。

【症狀】感染後約有2～3週的時間，性器周圍、口腔及肛門會出現顆粒狀的突起物，腳跟腫脹。感染期的第二期、第三期及晚期症狀各有不同，最後連大腦以及內臟都會受到影響。會傳染給胎兒。

【治療方法】女性到婦產科，男性到泌尿科看診。需口服抗病毒藥物，或使用外用藥膏。手掌若是出現紅疹，則至皮膚科看診。需口服抗生素。

性病⑥ 尖性濕疣（菜花）

長期潛伏在體內的話極有可能引致癌症的傳染病。可施打子宮頸癌疫苗預防。

【原因】因為性行為使得皮膚與黏膜的小傷口感染到與子宮頸癌一樣的病毒，也就是人類乳突病毒（HPV）。

【症狀】外陰部會出現許多肉疣，有時會搔癢，甚至發熱。

【治療方法】塗抹去除肉疣的藥膏，或者動手術、電灼消除。就算沒有肉疣，病毒依舊會殘留在體內，一輩子都會持續出現症狀。

性病⑦ 陰蝨

因感染與頭蝨一樣的「陰蝨」這種吸血類昆蟲而引起的性病。

【症狀】陰部若是被陰蝨刺上的話會變紅或出現斑點，而且搔癢無比。有時還會蔓延到頭髮、腋毛及胸毛。

【治療方法】塗抹軟膏、口服藥物、使用驅蟲洗髮精，或者把全身的毛髮剃光。

有這麼多呀……
這種事只能小聲說……其實我曾經得過披衣菌……
什麼都不知道就這樣活了40年——
或許性病這件事有點令人難以啟齒，所以比較不易成為話題。
然而性病最棘手的地方，就是一旦感染到子宮、輸卵管甚至卵巢，就會造成流產、或不孕。
懷孕期間若是感染到性病，寶寶就會陷入被傳染的危險之中。
為了避開這種風險!!
保險套
我的工作不是只有避孕喔！
原來……還可以預防性病呀……
不過有時候也會無能為力喔！

「避孕」需要避孕藥及保險套。
複・習
預防性病要保險套。
當中預防子宮頸癌的話，要HPV疫苗與保險套。
另外再加上定期抹片檢查！
不管是男孩子還是女孩子，我們都要好好告訴他們保險套對於保護自己身體的重要性！
身為家長的我們不太好建議孩子戴保險套避孕……
但就預防性病來講，或許會比較好開口……
不行，這一點也要好好告訴孩子才行……
重點在於要擁有正確的知識，
不需因為那些氾濫的資訊而感到不安！
好
那這些資料我丟了喔♡
咚ー
等等，帶回家去丟！

每個人都有染上性感染疾病（STI）的可能性！

經由性交及深吻等性行為而感染的疾病稱為性感染疾病（STI／Sexually transmitted infections的縮寫）。在日本，這類疾病以前稱為「性病」，不過現在已經修法改稱「性感染疾病」。STI有披衣菌感染、淋病、陰部皰疹、梅毒與尖性濕疣等種類，有時還可能進化成子宮頸癌或愛滋等攸關性命的疾病。

毫無自覺症狀慢慢擴大感染的STI

就一般的STI而言，日本最普遍的是披衣菌感染與淋病。特別是披衣菌在有性經驗的高中生當中，據說平均每10人就有1人會被感染。男女一旦感染上披衣菌，非但毫無自覺症狀，感染期一拉長，病菌還會黏連在生殖器的組織上並且慢慢蔓延開來，到最後會引發不孕症、流產甚至早產。

預防感染上以保險套效果最佳。但如果是口交，就有可能使得喉嚨被感染，因此口交時也要戴上保險套。此外，有性經驗的人除了性器，也要試著檢查口腔性病。幾乎所有性病都能夠治癒，故在此建議大家放下羞恥心，儘早到醫院接受診察與治療。

梅毒患者急速增加 需及早應對

梅毒是感染到梅毒螺旋體（Treponema pallidum pallidum）這種病菌而引起的疾病。紅疹症狀類似楊梅，故名。主要經由性行為感染。若未戴上保險套而與感染者發生性行為的話，約有3成的人會被感染，另外親吻也有被感染的可能性，算是感染力較強的STI。

在日本，江戶、明治時代威力猛烈的梅毒到了戰後因為特效藥盤尼西林（Penicillin。又稱青黴素）的實用化及普及化，幸而讓患者銳減。1990年代以後，每年的感染人數已經降到千人以下，幾乎已經被視為是「過去的傳染病」。但是到了2010年以後卻又出現人數增加的徵兆，這幾年來更是暴增。2017年根據現行統計，感染梅毒的男女人數已經突破五千。有鑑於此，政府特地在線上政令宣傳中提醒國民要注意，就連厚生勞動省也在網頁上以公開Q&A的方式，盡力宣揚預防資訊，可惜的是感染人數並未因此而減少。

特別是這五年來女性患者多達五倍，讓許多醫療相關人員不得不發出警訊，因為這種性病對於懷孕及生產會造成極大的影響。無奈的是，正值懷孕及生產時期的20幾歲女性感染人數在這當中格外明顯。

女性若是在懷孕期間感染梅毒的話，病毒恐會經由胎盤對胎兒造成二次感染，而且機率高達60～80％，倘若母親沒有接受治療，恐怕將會有

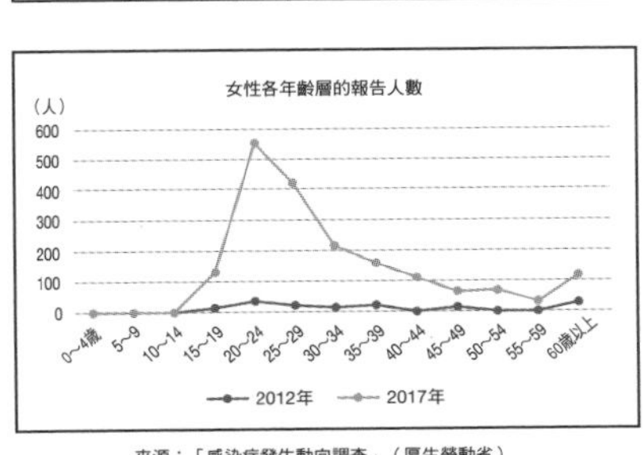

來源：「感染症發生動向調查」（厚生勞動省）

40%的胎兒因此而流產或死產。就算把寶寶生下來，也會讓人擔心是否會得到先天性梅毒這個會對肝臟、眼睛及耳朵造成先天性障礙的疾病。

梅毒初期通常不會有自覺症狀，故有人認為潛在性的患者人數恐怕是圖表的10倍至20倍。幾乎每個人在與新的對象發生關係時，通常都會覺得自己是不可能感染梅毒，結果導致感染範圍隨之擴大。就算聲稱「自己只跟固定對象有性關係，所以不會有問題」，但是我們並無法確定對方是否也是如此。除非接受篩檢，否則是難以確認彼此之間是否已經遭到感染。其實現在只要到衛生所，就能夠免費匿名接受梅毒抽血檢驗以及諮詢。倘若這麼做能夠讓自己稍微安心的話，還是建議大家立刻接受篩檢。

年輕女性日益增加的子宮頸癌

然而近年來，日本子宮頸癌的患者以及死亡人數卻逐年在增加。報告指出平均每年約有1萬人會罹患這種癌症，3千人因此而死亡（死亡人數幾乎是1975年的兩倍）。尤其20～40歲的年輕女性罹患人數更是劇增。

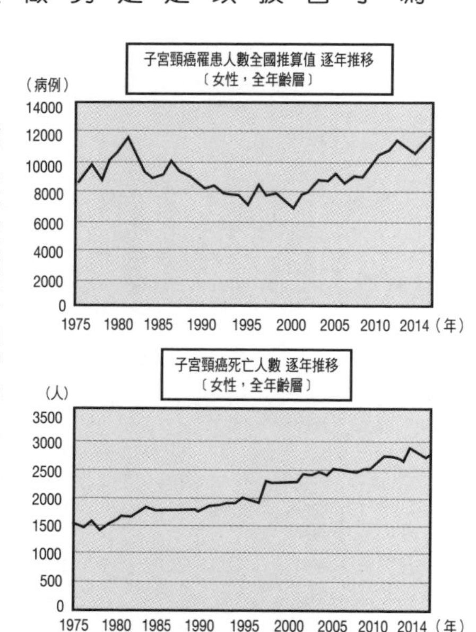

來源：日本國立癌症研究中心癌症資訊服務「癌症登記・統計」

有人說「癌症」通常是中高年人的疾病。例如被診斷出子宮深處的子宮體部罹患「子宮體癌」這種癌症的人，通常過了40歲以後人數就會增加，到了50～60歲這個年齡層甚至會迎接高峰。另一方面，子宮頸癌的患者人數則是從二十歲後半開始增加，到了40幾歲的時候迎接高峰，之後持平。子宮頸癌之所以好發於年輕女性身上，通常是因為性交時感染到病菌而引起的。絕大多數的子宮頸癌大多都是感染到人類乳突病毒（HPV）所造成的。HPV是一種非常普遍的病毒，經常附著在皮膚表面或黏膜上，種類超過100種，當中有15種會癌化。

據說50%～80%有性經驗的女性這一輩子至少會感染上一次HPV。一般來講，在這種情況之下，身體的免疫力通常會發揮作用，將病毒清除乾淨，只有極少一部分會滯留在子宮好幾年，當中有一部分會讓細胞的基因產生異常情況（癌前病變），在這當中又會有一部分病毒病變成子宮頸癌。

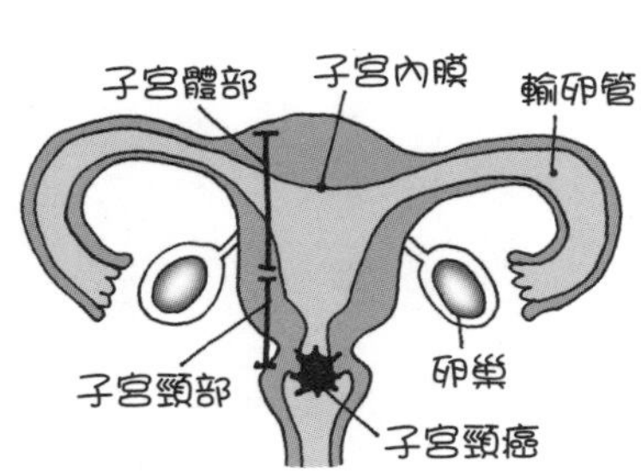

子宮頸癌發作的部位

只要在癌前病變或初期就發現癌症，並且採取子宮頸圓錐狀切除術的話，癌症就能完全治癒。只是癌細胞若是漸漸擴散開來的話，那就必須要將整個子宮摘除；要是不幸擴散或移轉，極有可能會因此而喪命。另外，就算完全治癒，也有可能會面臨早產、子宮頸口閉鎖等現象，如此一來，恐會影響到懷孕及生產。

預防子宮頸癌 要施打疫苗及抹片檢查

保險套雖可預防子宮頸癌至某個程度，卻仍不夠徹底。但若能夠施打預防感染HPV的疫苗，預防感染的機率就能提升至整體的50～70%。

只可惜疫苗對於已經感染的細胞並無法發揮排除病毒的功效，所以二、三十歲的女性就算施打疫苗，效果還是會受限的；但如果能在初次性交之前就施打的話，就能夠讓疫苗發揮最大的功效。

這類疫苗有預防子宮頸癌的疫苗，以及連尖性濕疣也能夠一併預防的疫苗這兩種，但都必須在六個月內施打三劑（今後次數有可能會減少）。而且除了子宮頸癌，女性還可預防外陰癌、陰道癌；至於男性除了尖性濕疣（俗稱菜花），也能預防陰莖癌、肛門癌、咽喉癌。

HPV疫苗在日本基於2013年4月的預防接種法，針對小學六年級至高中一年級的女學生開始定期施打。雖然目前暫時沒有自治體主動告知（通知接種對象施打疫苗的時期）或者是個別接種之類的積極鼓勵對策，但是定期接種的定位依舊不變，而施打疫苗還能申請公費補助。但要注意的是，一旦過了定期接種的時間，就會變成約需花費5萬日圓的自費診察。另外，男性沒有補助，一律自費診察。不過有的人會因為比較重視這種疫苗的優點而帶兒子上婦產科施打。

另外，不少人擔心一般人接種這種疫苗會不會出現副作用。不過WHO（世界衛生組織）根據全球的最新資料經過一番解析，最後發表出HPV疫苗是一種相當安全的預防針這個結論。只是HPV疫苗是施打在肌肉上，因此約有八成的人注射部位會暫時局部出現疼痛及腫脹的現象，不過這些症狀幾乎都會自然痊癒。

曾有報告指出極少一部分的人接種HPV疫苗之後會出現慢性疼痛及運動障礙等「多樣症狀」，但卻沒有報告提出根據證明其與HPV疫苗的因果關係，故有人發表見解，認為這應該是功能性身體症候群（functional somatic syndromes，FSS）的症狀。

不僅是預防子宮頸癌的疫苗，無論是什麼樣的疫苗或藥物，其實都會有優缺點。因此大家不妨參考台灣衛福部國民健康署在官網上公開的宣導內容（https://www.hpa.gov.tw/File/Attach/8866/File_8492.pdf），考慮親子一起接種疫苗。

*香港附註：香港衛生署衛生防護中心（http://www.chp.gov.hk/tc/features/102146.html）

然而接種疫苗之後，才發現自己已經感染HPV，或者是被疫苗無法預防的病毒感染時，有可能會因此發現子宮頸癌。子宮頸癌初期幾乎沒有任何跡象，若是發現異常出血或陰道分泌物有變化時，則有可能是癌細胞增生所造成的。為了早期發現與治療，當家裡的孩子年滿20歲時，就定期帶她們去做子宮抹片檢查吧！當然身為母親的人也不例外，母女一起接受篩檢也可以。

愛滋病這種病不會致死 但要擁有正確知識以預防感染

罹患愛滋病的原因，來自於感染了HIV（人類免疫缺陷病毒）。有時是因為輸血或共用針具而讓愛滋病毒進入血液之中而感染，有時是性行為在進行的過程當中，愛滋病毒以精液與陰道分泌物為媒介，透過受傷的皮膚或皮膚黏膜進入體內而感染。

愛滋病有時是分娩或哺餵母乳造成的母子感染。不過汗水與唾液裡幾乎從未發現過HIV的存在，因此咳嗽、打噴嚏或握手、一般的親吻或游泳、泡溫泉等日常接觸通常是不會讓人感染愛滋病的。

HIV感染之後，有的人過了2～6週會開始發燒、起疹子以及淋巴腫脹，不過這些症狀絕大多數都能自然痊癒。之後有5～15年的期間會進入毫無任何症狀的潛伏期（這個時期的患者稱為HIV帶原者或感染者）。

之後免疫力會整個轉弱，一旦發作，就會成為愛滋病患。不過當今日本醫療技術相當發達，篩檢之後若是確診，只要服藥就能夠拉長潛伏期，享盡天年；而方法只要得當，照樣能夠擁有性行為，也可以懷孕及生產。但無論如何，關鍵均在於早期發現、早期治療。萬一不幸感染，通常需要6～8週的時間血液中才會產生HIV病毒的抗體，若要發生可能會將病毒傳染給他人的行為，最好是3個月後先到全國的衛生所（免費／可匿名）或者是一般的醫療機構抽血篩檢。那些可能會將愛滋病傳染給他人的行為影響到的不僅是自己，還會波及性伴侶以及未來即將出生的孩子，故建議大家最好積極接受篩檢。

宋醫師想要
告訴女兒的
一件事②

愛
與性
要分開來想！

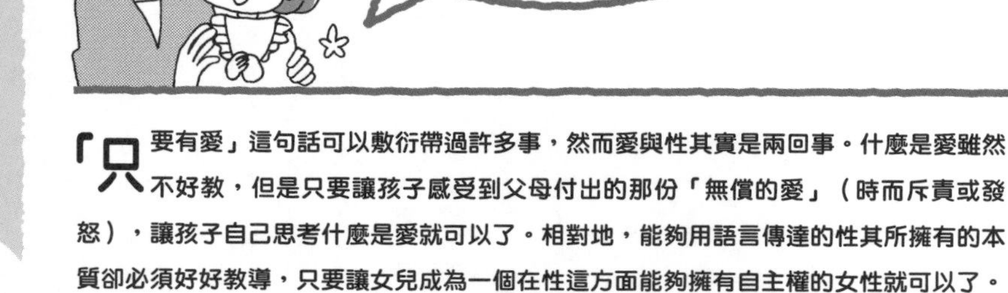

「只要有愛」這句話可以敷衍帶過許多事，然而愛與性其實是兩回事。什麼是愛雖然不好教，但是只要讓孩子感受到父母付出的那份「無償的愛」（時而斥責或發怒），讓孩子自己思考什麼是愛就可以了。相對地，能夠用語言傳達的性其所擁有的本質卻必須好好教導，只要讓女兒成為一個在性這方面能夠擁有自主權的女性就可以了。但在孩子還小的時候，家長往往有許多事要注意與擔心，例如不讓她一個人走在路上、不讓她待在死角空間、不讓她的打扮脫離常識。

其實只要孩子開始對性這件事感到好奇，就可以適時教導她們；一旦開始對男女接觸有興趣，就可以順便提及性病這個話題。若是掌握到機會，那就與她們分享「即便是接吻也會感染到皰疹」或者是「就算戴上保險套也會有風險」之類的資訊就可以了。

第3章

不要害怕面對「難不成他是……」的情況

LGBT・自殘・男孩子的性事

vol. 7 ……………… 大家都不一樣，大家都很棒

講話不可以這樣!!
欸——?
為什麼?
為什麼不可以呢——?
無辜的眼神
欸……
呃——
因為……
不行就是不行……!!
要怎麼解釋呀!?
為什麼、為什麼——?
毫無說服力!!
這樣是在瞧不起人，會傷到人家的心喔！
這個聲音是?
啊
登——場
神出鬼沒!!
宋醫師！
誰——?
這個人是誰呀——?

可是男生
動作像女生
不是很奇怪嗎——
對呀——
對呀——
一點
也不奇怪喔！
這一邊的眼神
也是閃閃發光
只是因為跟自己不一樣，
就這樣嘲笑人家奇怪
是一種暴力行為喔！
可是電視上大家都在
取笑那些娘娘腔的人
不是嗎？
什麼鬼啦——
哇哈哈哈
嗯……
那是因為
工作需要
才這麼做的。
而且現在這種情況
已經比較少見了。
可是，直樹呀，
要是有人問你
為什麼你是
男孩子的樣子，
然後喜歡
男孩子喜歡的
東西，
這個問題，
你答得出來嗎？
欸!!
THE ★ BOY

呃……
要怎麼
回答？
欸……
因為不是
女孩子……？
有點
聽不太懂
……
意思是
……
我才小學一年級，
要人家聽懂這個
可能有點難……
世上
有的人長得高
也有人長得矮，不是嗎？
這就好比有的孩子
天生體壯、
也有人天生體弱。
有人心理上是男孩子，
但是出生時卻是女孩子的
身體。
也有人心理上是
女孩子，
但是出生時
卻是男孩子的身體。

世上百人百樣，原本就是理所當然的事。
人生如果不秉持這個觀念互相認同，總有一天會讓自己越來越痛苦的。
所以今後，直樹你們一定也會認識身心性別都不一樣的朋友喔！
認識這樣的朋友時，我希望你不要覺得他很奇怪或者把他當傻瓜……
嗯，我知道了。
我自己要是也因為一些無聊的事而被人嘲笑的話，應該也會很難過的……
好！
大家都很聰明！
「每個人都不一樣但大家都很棒」喔!!
好！去玩吧！

耶—
謝謝妳
醫師～
我根本
就不知道
要怎麼跟孩子
說明……
怎麼說
其實不簡單。
更何況一直到最近
大家才開始注意到
「LGBT」。
（同志文化）
「LGBT」的
認知度調查指出
2015年
有37.6%的人聽過。
到了2018年
有68.5%的人回答聽過。
將近一倍!!
「Lesbian」
（女同性戀）
戀愛對象為女性
「Gay」
（男同性戀）
戀愛對象為男性

T
「Transgender」
（出生時診斷的性別與
自認的性別不一致）
社會上的
性別為
女性
♂
B
「Bisexual」
（雙性戀）
戀愛對象可以是女性
也可以是男性
♂
♀
Q
「Questioning」
對於本身的性認同以及
性嗜好尚未決定性別的人
最近
也有人說
「LGBT-Q」。
我喜歡女性？
？男生
我喜歡男性？
？女生
雖然一律稱為「LGBT」，
但是生理上與心理上的性，
以及戀愛對象的性類型其實很多。
若以圖來表示的話
其實定義會更曖昧
肉體
心理
戀愛對象
女
男
女
男
女
男
男・女
女
男・女
男
女
男・女
女
男
男・女
男

因為有8%的人口是LGBT。等於一個班級當中，會有2、3個孩子是性少數族群。
這與左撇子的比例其實相差不遠。
這麼多!?
我以前是念女校，不過當時班上是有一個比較男孩子氣的同學……可是這樣的人有2、3個呀……
深受學妹喜愛
當時是一個難以出櫃的社會。尤其是未成年的孩子連自己本身還有周遭的人也都不太能理解這種情況。
別人會有偏見
大家不能理解
旁人會在意
可能會被討厭
應該是有這種人，只是大家都不說而已。
應該很痛苦吧……

或許是這個緣故，
LGBT的人
有58%從年幼時期
就曾經想過要自殺，
而實際曾經自殘
或自殺未遂的人也有30%，
逃學的人
更是高達29．5%。
真的是會不下去……
如果是我的話
應該會一而再、
再而三地
陷入低潮之中……
尤其是在第二性徵期
因為身體變化
所帶來的焦慮感、
對制服的排斥，
另外再加上戀愛問題，
往往讓自殺率攀升。
這樣的我
不是這種
身體……
應該也不好
找父母談
吧……。
更別說是
朋友了……
當時的朋友
說不定也會
覺得不好受……
這…
有辦法
治療嗎
……？
治療!?

這不是病喔……
沒有能不能治療這回事!!
佐藤小姐妳有辦法從現在以男性的身分生活嗎？
不行……
性向與性別認同是天生就註定的。
不是只要努力就可以改變的。
所以當妳提到「治療」的那個時間點，就證明妳並沒有完全了解到這是怎麼回事……
反省……
儘管如此，一想到班上會有2、3個這樣的人……，如果是自己的孩子的話那就一點不足為奇了……
沒錯，所以我真的很希望這些孩子可以活得輕鬆一點。

醫師！
要是我們家的孩子
是LGBT的話……，
就算不是，
我要怎麼做
才能讓孩子
不要對性少數群體
有偏見呢!?
這個嘛……
首先平常不要把
「男孩子樣子」或
「女孩子樣子」
冠在他們身上，
這樣會變成甩不掉的詛咒的。
男孩子
哭什麼哭!!
妳也有個
女孩子樣
好不好！
完了完了……
我曾經脫口說出
這種話耶……
關鍵在於
從日常生活當中，
讓他們
「好好理解」。
活出自我、
過得精彩
就好了。
還小的時候其實本人
並不會覺得格格不入。
我喜歡
玩娃娃——

到了青春期
孩子就會開始注意到
自己的性別，就算懷疑，
欸……
難道我們家的
孩子……
也不要硬逼孩子招認。
要貼心地在旁守護。
要不要
找找看可以
穿便服的
高中呢？
家長本身也要包容
多元化，
奠定各種人際關係，
這點很重要。
看來我們要好好學著告訴孩子
不要拘泥於性別，
儘量營造一個讓所有人
都能夠活出「自我」的社會！
好——
媽媽——
媽媽妳為什麼
不化妝呢？
大家都有化妝耶！
這樣才像
媽媽呀！
回家路上
這也是
多元化喔!!

家長要先明白「多元性」

性別的存在，原本與下列這三種要素有關。

①生物學上的性別（生理上的性別）……經由染色體、性器、女性荷爾蒙的數值等條件而決定的性別。

②社會上的性別（心理上的性別、性別認同）……自己如何意識自己的性別。

③性向（吸引的性別）……喜歡或不喜歡哪個性別的人。

最近經常聽到的LGBT是性少數群眾的總稱之一，也就是透過②自認的性別與③戀愛對象的性別這兩個要素，將性少數群眾劃分成女同性戀（Lesbian／喜歡女性的女性）、男同性戀（Gay／喜歡男性的男性）、雙性戀（Bisexual／戀愛對象包括女性與男性）與跨性別（Transgender／身體的性別與心理的性別不一致）這四種類型，並且取其第一個字母而來的。

最近國際上甚至還從性取向（Sexual Orientation）與性別認同（Gender Identity）這兩個字的第一個英文字母，也就是以「SOGI」這個縮寫，開始向大眾宣揚「性向、性多元化」這個概念與稱呼。

與生俱來的性別與自認的性別背道而馳的案例

LGBT當中的「T=Transgender／跨性別」所指的是①生理上的性別與②心理上的性別相異的狀態，可以分為生理性別為男性、心理性別為女性的「Male to Female（MTF）／男跨女」，以及生理性別為女性、心理性別為男性的「Female to Male（FTM）／女跨男」這兩種。醫學上的診斷名稱為性別認同障礙（Gender Identity Dosorder：GID），不過近年來世人認為並不需要冠上「障礙」二字，因而改為「性別不安」（Gender Dysphoria）這個說法。

跨性別者有9成在國中以前會感受到性別不安。不少人因為這份不安而讓心理一直處於強烈討厭自己的生理性別這個狀態之中，而曾經歷過自殺、自殘、逃學的比例更是高居不下。尤其是即將迎接青春期的國中生會因為第二性徵所帶來的身體變化而感到不安或焦慮，再加上對制服的排斥以及戀愛問題，因此學校方面的應對方式也大有進展。另外，只要年滿15歲，還可以接受荷爾蒙治療與性別重置手術（Sex reassignment surgery，SRS）等醫療方式來應對。

雖然這裡簡單地將性向與性別的關係分類說明，但就現實生活而言，其實類型會更加豐富多元。心理上的性別其實是無法一刀將男女劃分開來，實際上會有模糊地帶，而生理上的性別有時也會無法清楚判別男女。有人甚至沒有情慾，也不會喜歡上某個人。

為何有人一生下來就是同性戀者或性別不安，詳情不得而知。畢竟性向與性別認同是天生的，並不是說變就能變，因此硬逼當事人改變性向，其實是在否定本人。

故身為父母的人一定要拋下偏見，試著進入這個多元世界，盡量透過行動讓孩子明白就算自己是LGBT，父母的愛是不會因此而改變的。要是孩子為性別感到困擾，不妨請他找學校的輔導老師或者是保健室的醫師聊一聊。另外性別認同障礙當事者團體、家庭會、性別診所與GID學會也都設有窗口供大家諮詢。

vol.8 ……想要告訴兒子關於性這件事

※興奮——　　※雞皮疙瘩

※撞
那我們去玩沙池，做個巨大都市吧——
嗯
どすっ
啊
哇
還真有精神——
宋醫師！
對不起!! 沒事吧!?
跑步要看前面啦
沒事、沒事。
午餐還沒吃嗎？
對呀。
我都是在這個公園吃午餐的。
唉……男孩子到底什麼時候才會變得穩重一點呀……
トホー
※無奈——
欸……有的孩子比較文靜、有的孩子比較活潑呀……這都是每個人的個性。
哇—
像我朋友的兒子都唸國中了還是一樣完全靜不下來
真的假的……

雖說乖的孩子就是會乖，但還是會擔心。
更何況父母這種生物一天到晚都在擔心……
也是啦……
提到擔心，我想到醫師前幾天提到的「性病」。
雖然心裡一直想著要好好教兒子關於性這件事，
不管是男生還是女生，一定要好好告訴他們，為了保護自己的身體絕對不可以小看保險套的重要性！
提到性病時醫師曾經說過
原來保險套的目的不是只有避孕呀……
妳不知道嗎？
為了保護自己，同時也是為了保護別人家的寶貝女兒。

※吼
除了保險套
還有什麼事情
一定要告訴孩子呢？
カッ
我在說，
妳都沒有在聽。
最重要的就是
「對方若不願意
就不要霸王硬上弓!!」
答應跟你約會
並不代表就是答應
要和你有性行為!!
就算喝醉了
也不代表她OK!!
不管是受邀到男方家
或者是女方家
更不代表她OK!!
請進
嘿嘿
※怒吼
くわっ
不要隨便亂說人家OK!!
發生性行為這件事
是不允許默許的!!
一定要
好好告訴對方
妳的意願，
同時也要尊重
對方的意願。
這點很重要!!
可以
進她家裡，
就代表
OK囉～♥

所以，
把孩子撫養成一個
能夠好好尊重對方的大人，
也是父母的責任與義務。
大家都是
某個人的
心肝寶貝。
即使是交往中的
男女朋友，
也不能把對方
佔為己有。
個
個
還有，我希望男孩子
千萬不要誤會一點。
那就是AV片、
色情書籍
或色情片的內容，
幾乎都是假的!!
裡頭的演出只不過是
把男性的願望全都
聚集在一起!!
這其實是一種犯罪行為!!
不要啦我說不要啦
正值青春期的孩子
因為還沒有性經驗，
往往會模仿AV片
之類的影片內容。
原來是
這樣呀……
對方明明不喜歡，
卻誤以為等等女性
就會跟著慾火燃燒。
不要、
不要！
妳這不是
口嫌體正直嗎！
嘿嘿嘿
女性不希望你
戴保險套。
直接
……♡
喔……

故事是這樣展開的嗎？那個AV片……
為什麼大家都在看這種片呀……？
站在女性的立場來看，那些上床不想戴保險套的男人通常會立刻揮手說掰掰的……照常理來講……
如果對方接受懷孕那就另當別論了……
沒錯
所以孩子需要的不是性幻想，而是正確的性知識！
像那些「射在外面（體外射精）」，還有第二次射精不會讓人懷孕」這種話，
第二次的話，精液比較稀薄，所以不易懷孕這種話根本就是在騙人！
謊言
就算射在外面，也是會讓人懷孕的！
更不可能有絕對不會懷孕的「安全日」!!
因為精子可以存活3～7天!!
安全日？沒聽過喔！
性行為過後立刻沖洗陰道來得及嗎？
喂喂喂，怎麼可能！
妳清洗的地方根本就是陰道口！這有意義嗎？
這邊
這每件事都想讓兒子知道……
可是這些事要什麼時候跟他提呀……
畢竟他才小學一年級……

我覺得
等他青春期比較穩定之後，
時機應該會比較恰當。
還有，親子之間關係
如果不密切的話，
恐怕不好切入這個話題。
那個保險套呀……
說的
也是……
啊!?
妳這老太婆
腦筋秀逗了
嗎!?
還有那個……
初精和自慰要怎麼
跟他們說呀……
就是
這個!!
還有女性怎麼也
搞不懂的包皮話題！
ビシッ
※拍
這個嘛……
我是覺得每個家庭都有
自己的考量……
教導兒子的時候
只要點到為止，
告訴他男女身體的差異。
至於與性有關的內容，
我想身為母親的人
就不要勉強了。
咦!?可以這樣嗎!?

身為異性的母親，教導正值青春期的男孩子關於性這件事，對兩個人來說不是很痛苦嗎？
沒錯！真的是很令人討厭!!
我覺得……我兒子應該會比我還要痛苦……
反過來想自己13～15歲的時候，要是父親跟我提有關生理或性行為的話，我可能會離家出走。
這太可怕了!!
所以說我們不需勉強自己，只要拜託父親或爺爺叔叔舅舅等親戚、甚至是哥哥，這些身旁可以讓孩子信賴的男性就可以了。
原來……那我可以稍微鬆口氣了～！
但是對方一定好好具備這方面的知識才行喔！
媽媽——
可以在家裡養蝌蚪嗎？
妳看——
我不是說不可以抓——
帽子——

8 男孩子的性教育最首要的就是正確知識！

到目前為止我們針對女孩子的性教育談了不少，不過家中有男孩子的家長心情也要考量到。首先在青春期以前，我們要先告訴孩子身體構造以及與女性應對的一些基本態度。特別是在性同意這方面，一定要好好告訴孩子P．52的「性與生殖健康及權利」，因為這是男孩子在21世紀生活的必要條件。

另外，就算在孩子的背包裡發現色情書籍或AV片，也不要急著責備他「怎麼帶這種東西！」而是要好好地在旁看守著他，「天哪，我們兒子竟然長大了」。因為不分青紅皂白，劈頭就跟他說「不可以有性行為或自慰」、「看到色情照片不可以興奮」的話，有可能會讓孩子對性感到排斥，甚至出現「性厭惡」（sexual aversion disorders）。

另外，孩子非常容易重踏家中父母兩人的關係，倘若現在夫妻倆是屬於「母親聽從強勢父親」這種關係的話，那麼最好是先想一想是否要讓孩子看到兩個人的情況。要是希望孩子能夠締造與自己不一樣的男女關係，那麼夫妻倆不如在孩子面前盡量不要表現出這樣的關係或許會比較好。

性交的範本是AV片!?

最近成年男性在性這方面有幾個問題。當中最危險的，就是AV神話。因為我們可以看出在性交這方面，他們將從AV片中得到資訊並且深受其影響的行為直接帶到床上去了，而且往往還懷抱著偏頗的性感覺，像是帶有強暴意味的性行為，或者是女性的「不要」其實是暗示OK等。AV片只不過是取悅男性大腦的一種幻想。而在AV片中演出的人，說穿了不過是以演員為職業的人，也就是「演出性交的專業人士」。就是因為有人覺得「要是有這樣的人就好了」、「要是可以這樣做愛那有多棒呀」，所以這種情景才會成為影片商品的內容。因此我們要讓男孩子知道，這種情況在現實社會當中是另當別論的。

另外，最近出現勃起障礙及射精障礙的男性有增加的趨勢。所謂射精障礙，指的是自慰可以射精，但卻無法在女性陰道內射精的一種症狀。曾經有份調查報告指出成年男性平均每20人就有1人會出現射精障礙，而且有7成的人是因為自慰所導致的。讓男性與正常射精漸行漸遠的行為主要有下列這3項。

①握力太強……握住陰莖時，力道如果沒有和緊抓手腕時幾乎快要讓血液停滯般強勁的話會無法射精。但是女性陰道的收縮力道其實沒有這麼強，所以男性才會無法射精。一般來講，能夠把橘子捏破的握力才是最佳力道。

②兩腳伸直……雙腳沒有伸直的話會無法射精。如此一來，採取正常體位或後背位的話就會無法射精。

③地板磨蹭……習慣在地板或桌腳磨蹭的自慰方式也會導致男性無法在陰道內射精。

為了孩子的將來，我們必須要多加留意，看是要讓父親告訴孩子這些資訊，或者是把這一頁打開，放在顯眼的地方，甚至把《女醫師教你真正愉悅的性愛》（究竟）這本與性行為有關的書拿給孩子看，好讓這些資訊能夠傳遞給孩子知道。

vol. 9 …… 靠近孩子的心

※遮

……
……不要跟別人說。
……雖然她這麼講但我又不能置之不理……怎麼辦才好呢……
嗯ooooo
妳有找媽媽聊一聊嗎？
玲奈的姊姊
真波她媽媽跟我媽媽是好朋友……但是我怕真波知道所以說不出口……
也是……
雖然很高興妳信任我……。
嗯嗯嗯……
但這不是一個兩三句話就可以解決的問題耶……
這個嘛……
找宋醫師商量！
SONG LADIES
クリニック
原來如此——。身為朋友當然會想要幫忙。
※診所

※嚇

可是醫師
自殘這種行為，
在年輕人之間
不是就像一種流行嗎？
類似中二病……
喝——!!
ビクッ
自殘行為的確經常
發生在青春期，
而且聽說十幾歲的孩子
約有一成會這麼做。
一成!?
所以這種情況
說不定非常普遍。
喝
應該是在學某人吧？
是不是要
別人關心妳
呀？
是不是在
「討拍」呀？
妳只是想讓大家注意妳吧
這麼想的話
那就
大錯特錯了!!

如果理由真的是「討拍」、或者是「引人注目」的話，照理說應該會做給別人看的，不是嗎？
你看你看
我現在要割腕了喔
可是一再自殘的孩子幾乎都是在沒有人會看到的地方傷害自己，而且也不會跟別人提起這件事。
她們反而不想求助於人，總是一個人苦惱，所以到最後才會做出傷害自己的行為。
原來是痛苦到想要去死呀……
好痛苦……
唉
那我外甥女的朋友如果是這種情況的話……!!
自殘行為與想要自殺完全不同喔！
誤解之一
想要自殺的人通常會認為脫離困境的唯一方法「只有死」。
只有死才能夠拯救自己……

自殘則是
為了讓自己暫時從
沈重的壓力、
憤怒與絕望
這些痛苦之中解放
才這麼做的。
自殘的痛苦
心靈的傷痛
只要感受到疼痛，
就能夠瞬間忘記
痛苦。
※劃——
因此自殘可說是
在痛苦之中
苟延殘存的方法。
原來
自殘的目的
與自殺
不一樣啊……
剛好相反……
可是自殘的延長
其實就是在等死。
有的人自殘
會感覺到，
安心……
心情舒暢
許多……
因為人在自殘時，
會分泌出一種名為
胺多芬（endorphin）的
腦內啡。
這和抽煙
或喝酒一樣
會上癮的。
TOBACCO

因為已經上癮了，
所以會一再重複。
要是習慣了這樣的刺激，
久而久之就會變本加厲，
傷口會越割越深的。
完全
沒有用……
這樣極有可能會
招致死亡……
看來要是自殘上癮的話
情況會變得更麻煩……
那有沒有什麼方法
可以不讓孩子自殘呢
……!?
不讓孩子
自殘……
可是，
就算可以阻止
孩子自殘……

除非讓孩子痛苦
難受的問題消失，
否則事情是不會解決的。
痛苦
絕望
難受
壓力
自殘
舉例來說，
就算不讓他們割腕，
問題若是置之不理
最後只會讓他們走向
其他自殘方式。

自殘行為
除了「割腕」，還有……
拔頭髮
用香菸
燙傷
部分身體
用鉛筆
刺傷
部分身體
與不特定的
多數人
發生性關係
進食障礙
（暴飲暴食、
拒食）
SODA
濫用藥物、
喝酒抽煙
等等。
在身上穿大量耳洞
或者是刺青的人當中，
有的是為了自殘。

就連秉持
完美主義的孩子
也有可能採取
自殘行為。
？
為什麼？
他們傷害自己
是為了要給
「做不到的自己」
一個懲罰。
父母期望過高的時候，
說不定就會這樣……
總之，
若是發現有人自殘，
萬不可行的就是
劈頭斥責。
你在幹什麼？
給我住手！
妳再
這樣的話，
我就跟妳
絕交！
或者威脅。
隨便找個人提這件事，
有時反而會讓孩子
更不好受。
咦…是她呀……？
她爸媽到底在幹嘛呀……？
我外甥女一直覺得
「自己束手無策」、
「想要拉朋友一把」……

如果問題
無法讓孩子自己解決的話，
那就告訴她不需責備自己。
好。
我希望小舞能夠
好好讓朋友知道
她不會責備，
也不會離開，
「我會站在
妳這邊的」。
那身為大人的我
可以做什麼呢……
隱私方面
又不能問太多……
看來就只能
跟這個孩子的
父母親說了!?
最好不要
這麼做。
因為讓孩子
心情不好的情況，
有可能是家庭因素造成的。
家庭問題
要是讓孩子因為被家長斥責
而導致情況更糟糕，
到最後變成
「是妳外甥女說的!?」的話，
這樣不僅會破壞兩個人的友情，
那個孩子
說不定會被逼得走投無路。

那到底要
怎麼做
……？
真的束手無策……？
可能要找具有專業知識、
又值得信賴的人商量了。
先找學校的輔導員、
或者是保健室的老師
商量如何？
那我跟
我外甥女
說……
順便告訴她
醫師剛剛
告訴我的那些……
說的也是。
不過幸好那個孩子
有妳外甥女在身旁。
只要有人與自己為伴，
整個人就會變得非常堅強喔！
唉～可是
我沒想到
身邊竟然會有人
割腕……
而且十幾歲的孩子
有一成的人會這樣……
……真是的。
要是發現
我們家孩子
也會這樣的話，
我該怎麼辦
才好呢？

如果是我們家孩子的話，我怕我會失去冷靜、甚至不小心怒吼……
剛剛也說了，絕對不可以劈頭就罵。
不過我懂妳的心情……
還有，
我割給你看!!
妳敢割有種妳就割!!
挑釁的口氣也不行，
多一事不如少一事……
視而不見是最糟糕的。
別以為孩子不會發現你對他的事視而不見。這是最傷孩子心的態度。
她明明都知道卻什麼也不說……
媽媽根本就不關心我……
那……那我到底要怎麼問!?
我該怎麼辦才好呢……

先冷靜下來，
妳這個傷口怎麼來的？
想說的話可以跟媽媽說喔。
試著接近孩子、問他話。
總之，情緒不要激動!!
要冷靜!!
除此之外，我們還要到地方上的保健中心、兒童家庭中心、衛生所、政令指定都市至少會設置一處的精神保健福祉中心去諮詢。
可能是我教子無方……!!
身為家長更不要自責一個人苦惱！
如果是因為霸凌，那就必須和學校合作處理了。
總之凡事都要冷靜！要謹慎!!
所以我希望家長能夠與孩子締造一個必要時要向身旁的大人求助的關係。
我知道了。

十幾歲就自殘的孩子
絕不罕見

這本書快要接近尾聲了，所以接下來我想談談性=生命這個話題。

大家是否聽過「自殘行為」呢？「自殘行為」最具代表性的例子，就是「割腕」。這是一種用刀子把自己的手腕、手臂或腳割傷的行為。有份調查結果指出，十幾歲的孩子當中，其實有一成的人曾經割過腕。這種現象幾乎沒有地區差別，而且女孩子通常會比男孩子多。

有些人會覺得當事人「只是一時在氣頭上」、「想要討拍罷了」，但是有這個經驗的人卻有6成曾經一再自殘至少十次，然而大人察覺到的，卻僅佔當中的3%。他們都是一個人偷偷地在傷害自己的身體好幾次，所以這絕不是一時在氣頭上的行為。

然而「自殘」原本就不是為了死而做的行為。這是一種已經預測「這種程度的傷害應當不至於死」這種結果，所以用刀子割傷自己、用身體去撞擊硬物，甚至故意燒傷自己的舉動，若說這樣的舉動有點「過火」，其實這些方法都是在可以掌控的範圍內。過半數的自殘經驗者通常都是為了讓心情不要那麼難受才這麼做的。當暴怒、恐懼、緊張、懷疑自己是否真的還活著的那份不安等情緒來襲時，他們之所以會選擇自殘，就是因為這是一個不需借助他人力量就能自己舒緩情緒的方法。

有研究指出一再自殘的人，血液中通常會含有大量的「腦內啡」。據推測，自殘時所感受的刺激會促使腦部分泌腦內啡，因而讓人在精神上得到鎮痛效果。若問有自殘經驗的人「為何要割傷自己」，得到的答案往往是「割傷的話心情會好一點」、「整個人會覺得更加舒服」，可見肉體上的疼痛可以蓋住精神上的痛苦。

別以為可以把痛苦遮掩起來但又不會死這樣就好了。一再自殘的過程當中若是養成習慣，萬一哪天得到的鎮痛效果不如預期，就會陷入更加嚴重的自殘輪迴之中，有時還會讓自殘的門檻拉低，甚至變本加厲。有份調查根據自殘經驗之有無進行10年的追蹤，發現曾經自殘的人選擇自殺的風險是一般人的400~700倍，可見自殘是一種與自殺息息相關的行為。

了解孩子隱藏在行為背後的思緒

要是自己的孩子或者認識的孩子自殘，我們該怎麼應對才好呢？看到他人自殘時，人們的反應大致可以分為三種，也就是：①嚴厲斥責、②視而不見，以及③釋出關心詢問對方「還好吧」。父母親的反應如果是①，通常會讓孩子覺得反應過度，但是像②這種反應卻又過小，因此這兩種情況往往會讓孩子的自殘程度更加嚴重。其實我們可和③一樣，不要否定當事人的心情與行為，以溫和的態度對孩子說「應該很痛苦吧」、「想說的話可以跟我說喔」，同時帶他到精神科或請學校的輔導老師等專家輔導諮詢。

身為家長的我們平常就要聆聽孩子的失敗談，告訴孩子父母也不是樣樣都很完美。營造一個可以開懷暢談的空間其實是很重要的。而最嚴重的自殘行為，就是「完全不求助於人」。因此我們要好好告訴孩子，最重要的不是「生命」，而是「你」。

宋醫師
想要告訴女兒的
一件事③

妳才是最重要的。
妳開不開心很重要。

我女兒是在一個多元化環境中成長的孩子（Diversity Native），不僅與我周遭的LGBT朋友相處融洽，當我和她說「有的男生喜歡的是男生」時，她還若無其事地回答我說「我知道啊」。除此之外，我還告訴她「心理與生理的性別一致是偶然的，當心理的性別與生理的性別不一致時，自然就會盡量配合生理」。我們常見父母本身的偏見把孩子的想法封鎖住。因此最首要的，就是讓孩子本身的想法更加明確。只要女兒幸福，就能夠接受絕大多數的事；若是有些事無法對我說，那就盡量讓自己身旁多一些可以傾訴的對象。

至於我兒子，原本想說時間到了就把我寫的那些性愛相關書籍給他看，可是「媽媽寫的書」應該會讓他覺得很恐怖吧？所以我打算再找別的書給他看（笑）。

第4章

親子一起談性事

性教育卡片

如何使用性教育卡片

當孩子對性有興趣時，就可以當作話題善加利用的插畫卡。

①使用之前先沿著虛線將卡片剪下，或者是影印。

②當孩子問起與性有關的問題，例如「小寶寶是怎麼來的？」時，就可以立刻拿出卡片，邊看卡片邊告訴他。若是覺得說明文的內容有點難，那就配合孩子的程度稍微調整。

③當孩子差不多大了，那些希望他們知道的生理以及保險套使用方法的卡片就不需要硬是和他們一起看，可以直接把卡片交給他們自己看。至於怎麼使用衛生棉的卡片，等女兒初潮來時，便可掌握這個時機，一邊告訴她們衛生棉的擺放地點，一邊把卡片交給她們，或者和衛生棉放在一起也可以。

男人的身體・女人的身體

想想看

大人與小孩、男性與女性哪邊不一樣、

不喜歡人家觸摸的地方（私密部位）是哪個地方吧。

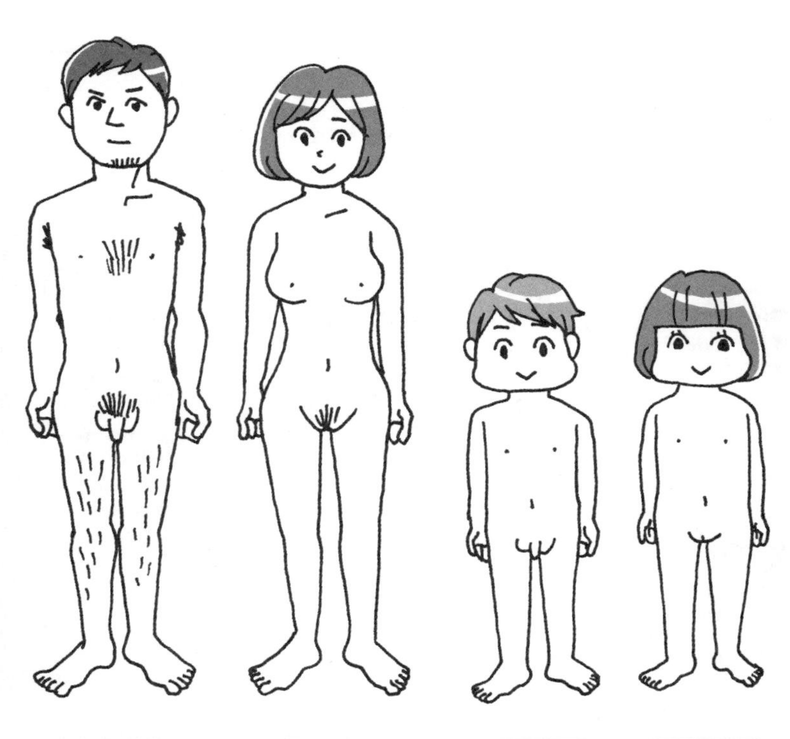

小雞雞的構造

位在男性胯下的性器。
它是小便和製造小寶寶的精子的器官，
又稱為「陰莖」。

男性性器

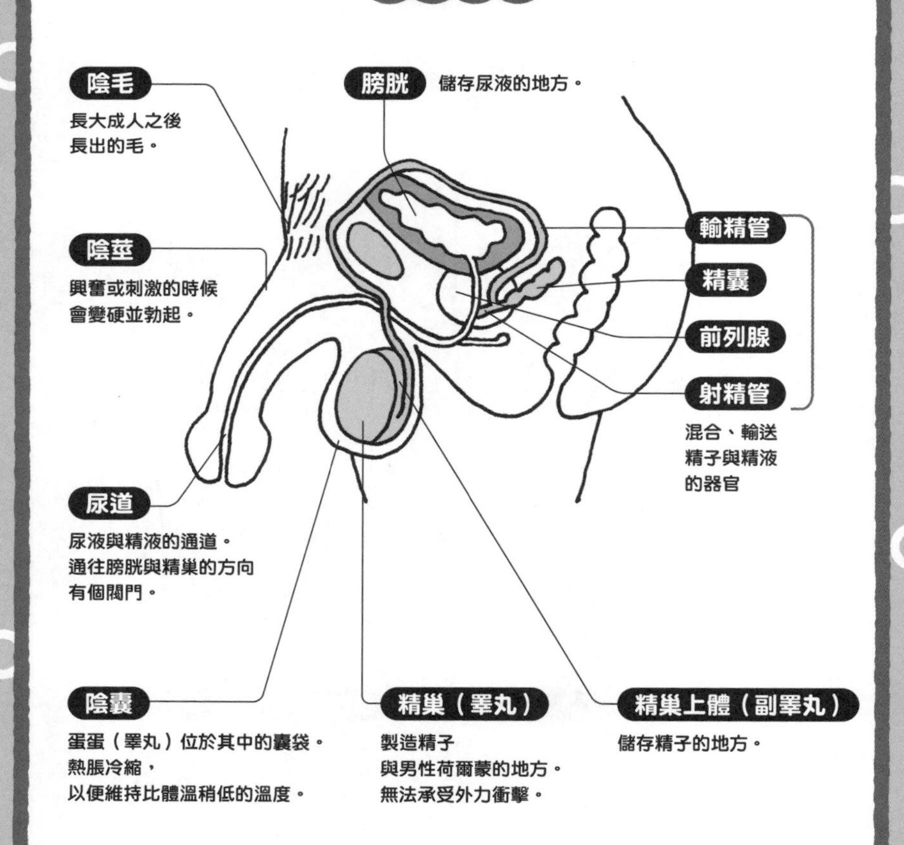

小妹妹的構造

位在女性胯下的性器。
有位在體內的「內生殖器」
與位在體外的「外生殖器」。
這些都是與生育寶寶有關的器官。
又稱為「陰道」。

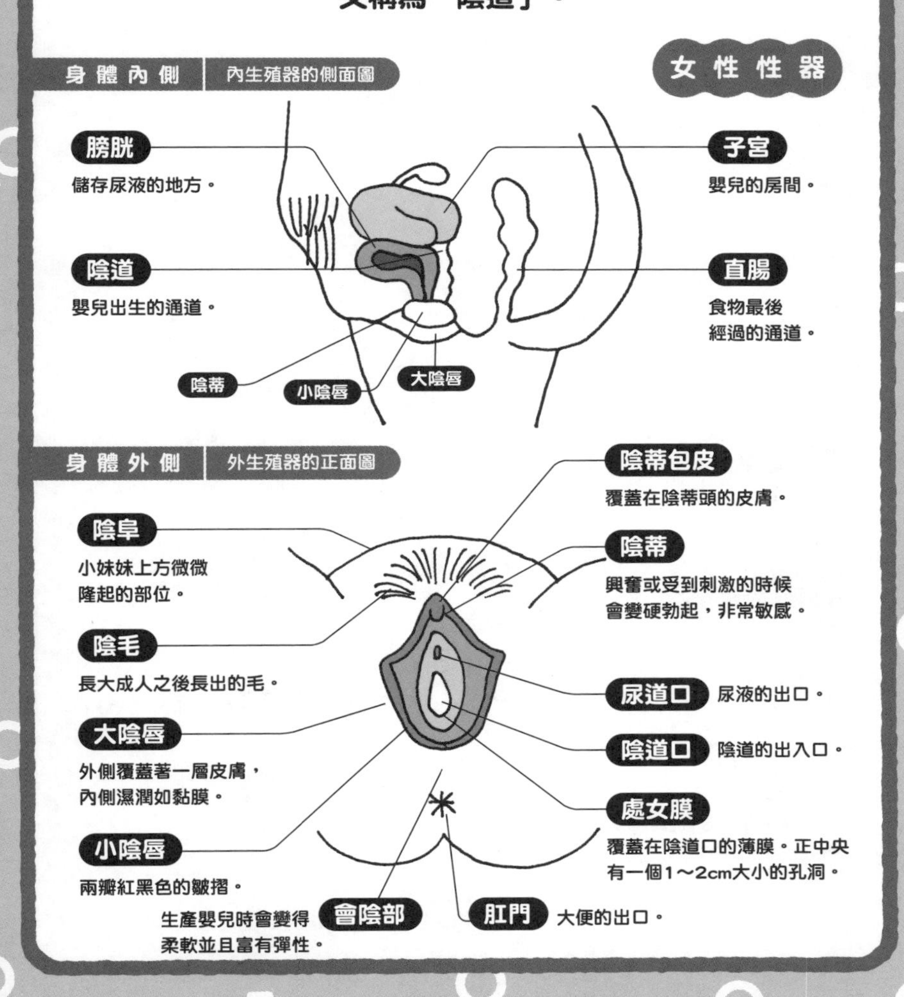

子宮的構造

子宮在女性體內是孕育嬰兒的地方。
有強壯厚實的肌肉所構成。
一般長度為8～9cm左右，
但會隨著嬰兒的成長而伸展。

子宮的剖面器

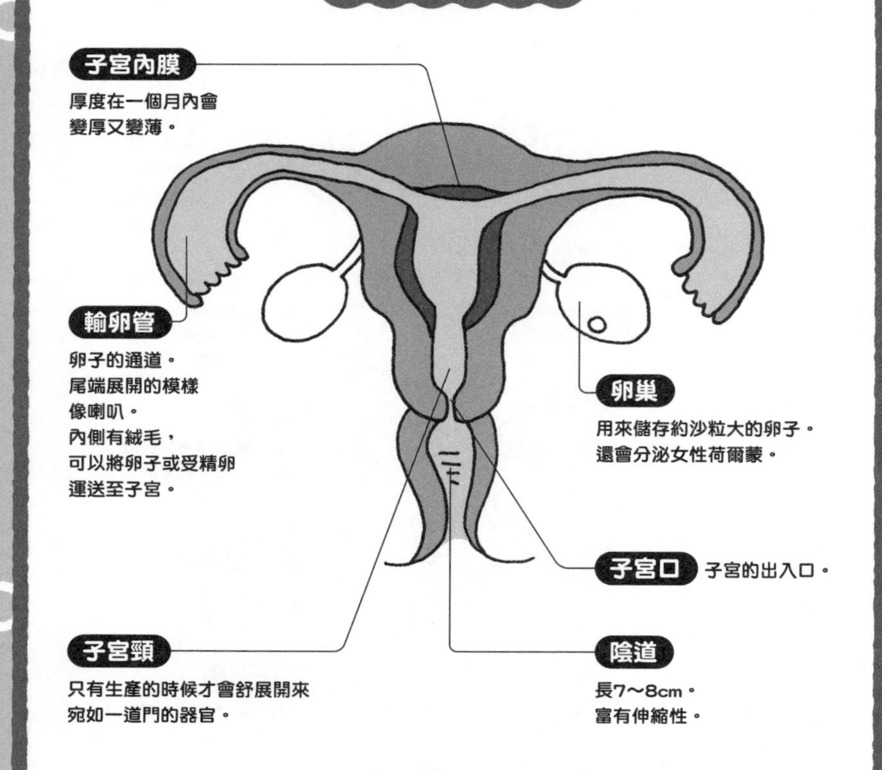

嬰兒是怎麼形成的

女性體內有40萬顆卵子，
而男性身體一次可以釋出4億個精子，
這兩者若各有一個與彼此結合的話，就會變成寶寶。
這可是充滿奇蹟的機率喔。

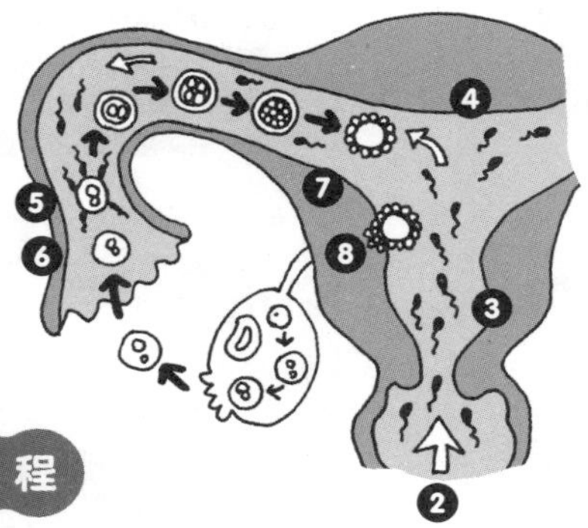

1 男人與女人性交

2 精子進入陰道

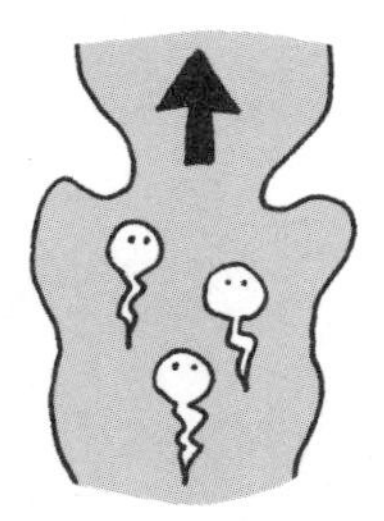

男人因為射精而讓精子
透過陰莖進入女人的陰道內。
精子的數量約5000萬～1億個。

3 精子在陰道．子宮中前進

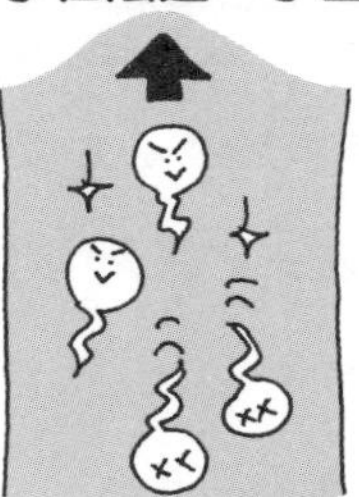

受到陰道內側酸性黏液的影響，屬於
鹼性的精子超過半數往往會在此處被消滅。
而且不少精子還會被
專門消滅異物的白血球襲擊。

4 精子抵達攸關命運的交差路口

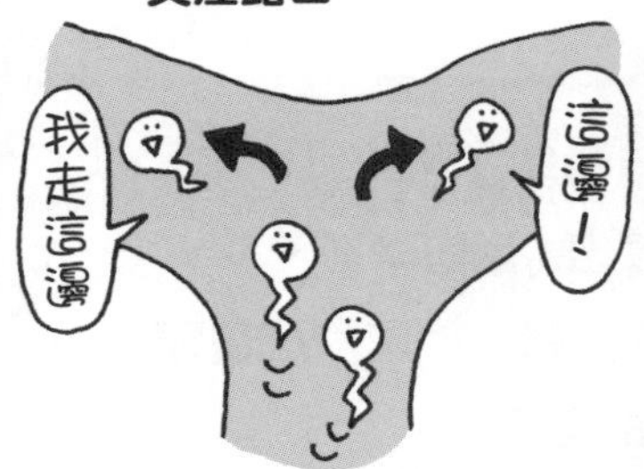

輸卵管與卵巢左右各有一個，
但不知哪一邊會釋放出卵子，
因此精子會兵分兩路尋找卵子。

5 與卵子相遇

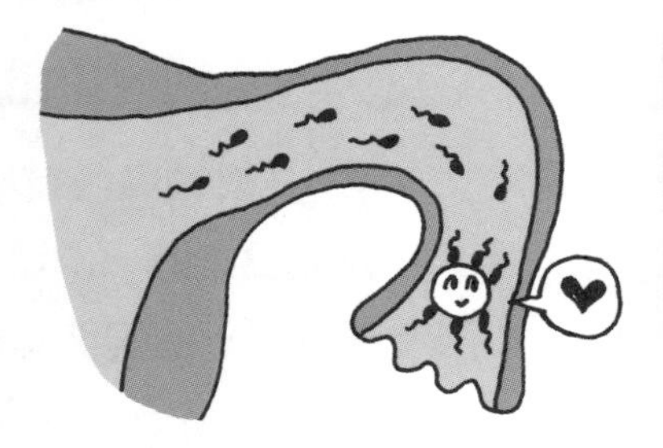

輸卵管裡的卵子會被精子包圍。
子宮中的卵子可以存活24小時，
精子只能存活3天。
這段期間兩者沒有相遇的話，嬰兒就不會成形。

6 卵子與精子結合

只有一個精子可以穿透卵子厚厚的外壁，
進入卵子之中，
其他的精子則是會被隔絕在外。
兩者結合之後，便可成為受精卵。

7 成為受精卵，朝子宮前進

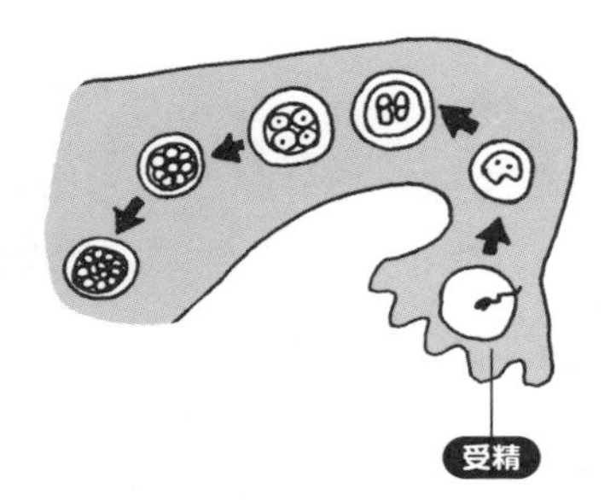

受精卵經過4～6天的時間
會一邊進行細胞分裂，一邊朝子宮移動。

8 在子宮著床懷孕

受精卵抵達子宮內膜，
並且繼續重複分裂細胞，最後形成嬰兒。

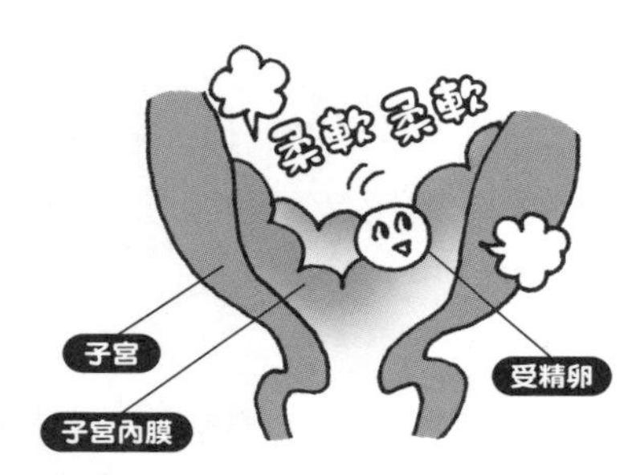

月事的構造

女性一旦長大成人，每個月生理期（月經、月事）就會來潮。
這代表「身體已經有能力懷孕了」。

1 每個月會有一顆
能夠孕育嬰兒的卵子
從卵巢裡蹦出來

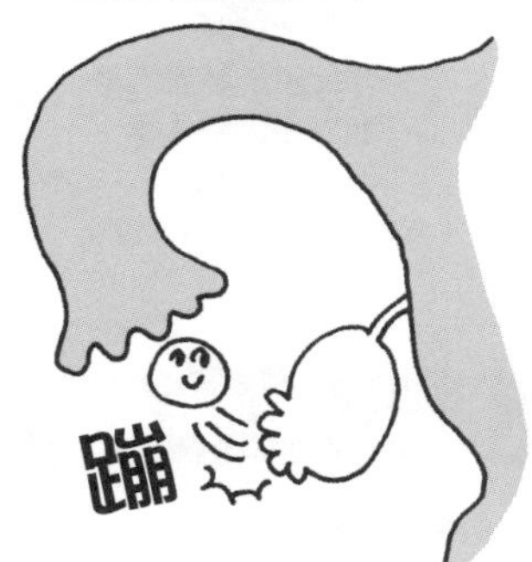

2 卵子會在輸卵管裡
等待與精子受精

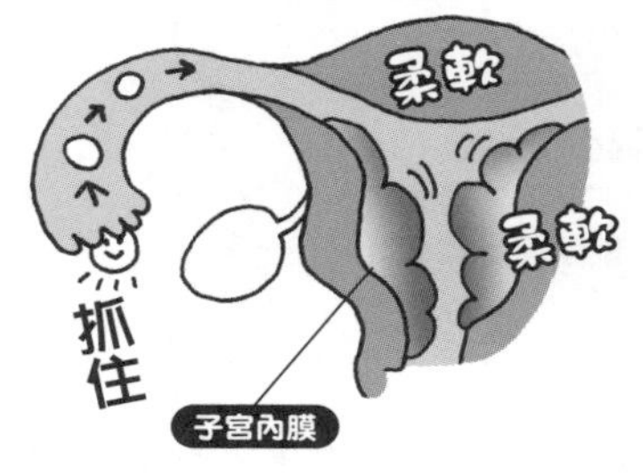

子宮內側的子宮內膜這個組織
會花上一個月的時間慢慢變厚，
以便成為能夠孕育嬰兒的床鋪。

3 排卵之後，
卵子會在24小時內死亡

4 卵子一旦死亡，
失去必要性的
子宮內膜就會剝落，
並與此時流出的血液
混合，從陰道排出體外

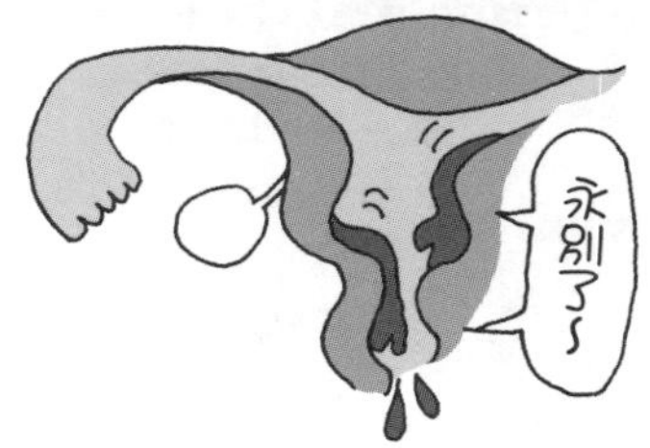

如何度過經期

生理來潮的這段期間生活一切如常就可以了，
亦可多加留意下列情況，以防經期不適。

身體要保暖

可以穿上肚圍，
冬天的話可以在腰部
貼上暖暖包，
或者是喝些熱飲，
盡量讓身體保暖。

要勤換衛生棉

平均每2～3個小時就要換一次，
以免外漏。
外出時不妨隨身攜帶
量多型的衛生棉
或者是塑膠袋
以防找不到地方丟棄。

上游泳課時在旁休息也OK

要到游泳池游泳或大浴池泡澡時
建議使用衛生棉條，
會擔心的話
就不要勉強自己下水。

肚子痛就吃止痛藥

藥效需要一段時間
才能發揮作用，
因此當經痛
開始讓人不舒服時
就要馬上吃藥。

萬一內褲髒了

儘量早點用清水或溫水清洗。
可以先沾上洗衣精或肥皂水，
浸泡一段時間之後
再搓洗。

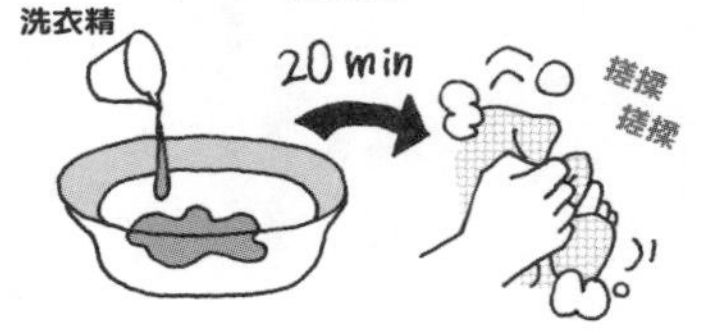

睡覺的時候底下鋪條浴巾

若是擔心外漏的經血
把棉被弄髒的話，
可以穿上厚一點的內褲
或者是在屁股
底下鋪條浴巾，
這樣會睡得
比較安心。

如何使用衛生棉

衛生棉要黏貼好、勤換新，
以免經血外漏。

衛生棉的使用方法

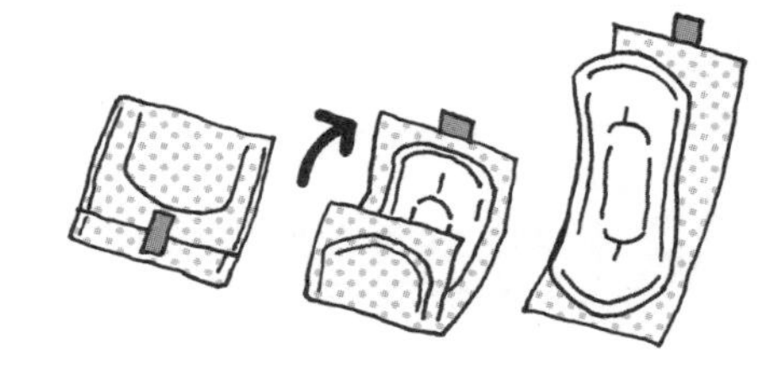

1 撕下包裝，
取出衛生棉。

2 將衛生棉貼在內褲上。

※比較長的衛生棉要確認前後是否貼正。
有翅膀的衛生棉
要將翅膀對貼在內褲胯下
最細的那個地方上。

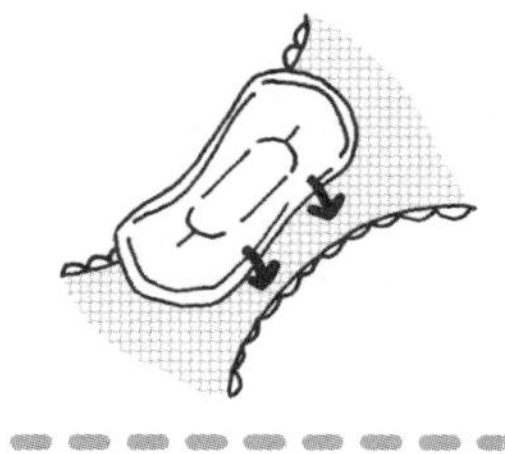

3 有翅膀的衛生棉
要把翅膀往下折。如果是
胯下部分有兩層的生理褲，
那麼就要把翅膀折到裡面，
貼在第一層後面。

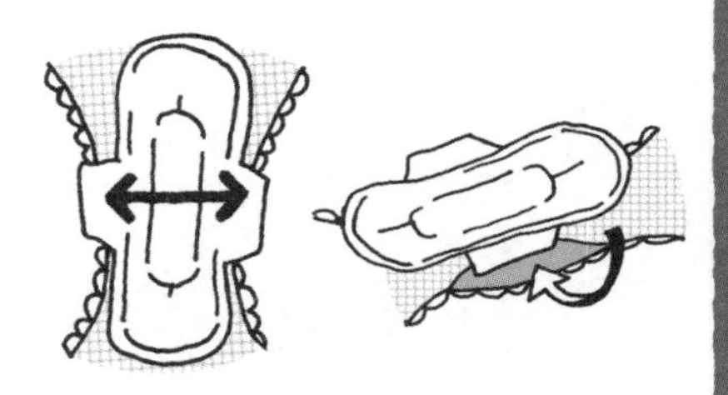

隨身攜帶衛生棉的時候……

可以放在小包包裡，
後者是用手帕
一片一片包起來
這樣會更方便。

如何丟棄衛生棉

用過的衛生棉

在丟棄之前要包緊，以免氣味外漏，

絕對不可以丟進馬桶沖掉。

1 有翅膀的衛生棉要先撕開翅膀，
再把用過的衛生棉撕下來。

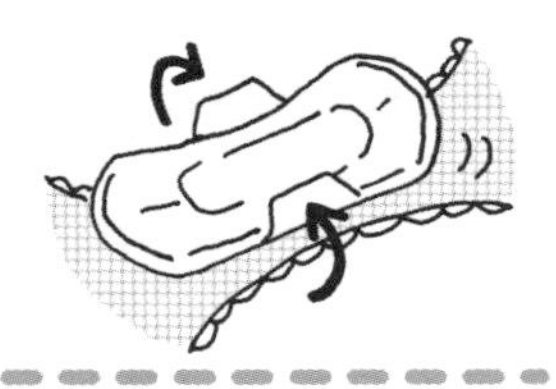

2 有經血的那一面朝內捲起來。

有翅膀的話
要把翅膀折到背面。

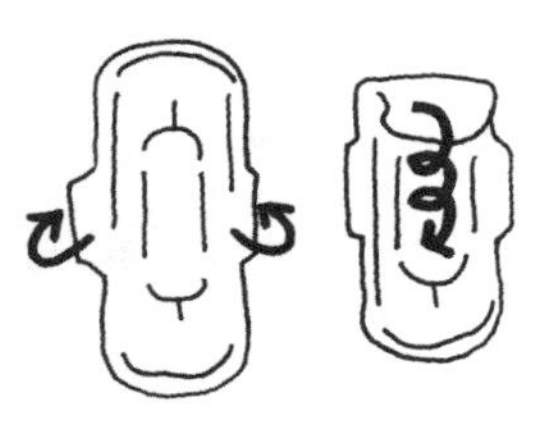

3 新衛生棉的個包裝撕下之後，
將用過的衛生棉捲起來，
再用上頭的膠帶固定。

如果沒有包裝的話，
就用衛生紙捲起來。

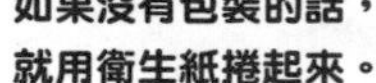

4 丟到專門丟生理用品的垃圾桶裡，
絕對不可以丟到馬桶裡沖掉。

沒有垃圾桶的話
就用衛生紙捲起來，
裝進塑膠袋中帶回家丟棄。

如何戴卸保險套

保險套要是沒有戴好，
往往會不小心讓對方懷孕。
為了安全起見，女性也不要任由男性處理，
一定要牢記保險套的戴卸方法。

1

使用前一定要
先清潔雙手。
儘量不要讓指甲割破。

2

撕開包裝時
先將保險套擠到下方，
以免傷到保險套。

撕開包裝。

4

擠出保險套。
看清保險套捲的方向，
確認正反面。

扭轉儲存精液的地方
將裡頭的空氣
擠出來。

6

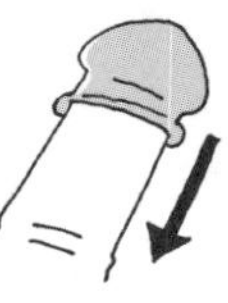

陰莖的皮膚（包皮）
後推至根部，
套上保險套之後，
再慢慢捲開套到底。

7

射精後要立刻壓住
陰莖根部的保險套
從陰道抽離並卸下保險套，
以免精液外漏。

袋口綁緊
以免精液流出，
用衛生紙包好之後再丟棄。

性教育卡片

11

想要告訴男孩子一些重要的事

每個人都是某個人的心肝寶貝。
所以當我們在SEX的時候，一定要互相尊重對方喔。

就算對方喝醉酒，
也並不代表說她
「可以跟你SEX」。

雖說對方願意與你約會，
但這並不代表她
「可以跟你SEX」。

不管是到男方家
還是女性邀請你到她家，
都不代表她
「可以跟你SEX」。

向對方告知自己的意思之後
也要確認對方的意願，
互相尊重才是最重要的！

順帶一提，AV片、色情書籍及色情影片的內容幾乎都是想像的，千萬不可信以為真。

監修●宋美玄

婦產科醫師、醫學博士・性科學家、日本新生兒周產期學會會員、日本性科學學會會員。1976年1月23日出生於兵庫縣神戶市。2010年出版的《女醫師教你真正愉悅的性愛》（究竟出版社）是累計銷售突破70萬部的暢銷之作，深受各大媒體矚目。她是兩個孩子的媽，分別在2012年與2015年生下一女一男。在身兼母親及婦產科醫師的同時，亦以「權威婦產科醫師」的身分經常出現在大眾媒體上，並站在女性的立場，積極向女性推廣性方面、婦女病、懷孕及生產的知識。

漫畫●勝山圭子

1975年出生於京都府，是一男二女、三個孩子的媽媽。曾經在百貨業服務，現為插畫家&漫畫家。著有描繪自身育兒生活的《ごんたイズム》系列（雙葉社）、《まるごとわかる保育園》（自由國民社）

知名婦產科女醫師教你

如何跟女兒談「性」

2020年11月1日初版第一刷發行

監　　修　宋美玄
漫　　畫　勝山圭子
譯　　者　何姵儀
編　　輯　吳元晴
特約美編　鄭佳容
發 行 人　南部裕
發 行 所　台灣東販股份有限公司
　　　　　<網址>http://www.tohan.com.tw
法律顧問　蕭雄淋律師
香港發行　萬里機構出版有限公司
　　　　　<地址>香港北角英皇道499號
　　　　　　　　北角工業大廈20樓
　　　　　<電話>（852）2564-7511
　　　　　<傳真>（852）2565-5539
　　　　　<電郵>info@wanlibk.com
　　　　　<網址>http://www.wanlibk.com
　　　　　http://www.facebook.com/wanlibk
香港經銷　香港聯合書刊物流有限公司
　　　　　<地址>香港荃灣德士古道220-248號
　　　　　　　　荃灣工業中心16樓
　　　　　<電話>（852）2150-2100
　　　　　<傳真>（852）2407-3062
　　　　　<電郵>info@suplogistics.com.hk
　　　　　<網址>http://www.suplogistics.com.hk

SANFUJINKAI SONG MIHYON SENSEI GA MUSUME NI TSUTAETAI SEI NO HANASHI
Supervised by Mihyon SONG
Illustration by Keiko KATSUYAMA

Printed in Taiwan, China.